HERMES

在古希腊神话中，赫耳墨斯是宙斯和迈亚的儿子，奥林波斯神们的信使，道路与边界之神，睡眠与梦想之神，亡灵的引导者，演说者、商人、小偷、旅者和牧人的保护神……

西方传统 经典与解释　HERMES
　　Classici et Commentarii
尼采注疏集
刘小枫 ● 主编

尼采引论

Friedrich Nietzsche zur Einführung

[德]施特格迈尔 Werner Stegmaier ｜ 著
田立年 ｜ 译

华夏出版社

古典教育基金·"资龙"资助项目

"尼采注疏集"出版说明

尼采是我国相当广泛的读书人非常热爱的德语作家,惜乎我们迄今尚未有较为整全的汉译尼采著作集。填补我国学园中的这一空白,读书界早已翘首以待。

"全集"通常有两种含义。第一个含义指著作者写下的所有文字的汇集,包括作者并未打算发表的笔记、文稿和私信等等。从这一含义来看,意大利学者柯利(Giorgio Colli)和蒙梯纳里(Mazzino Montinari)编订的十五卷本"考订版尼采文集"(*Nietzsche Sämtliche Werke：Kritische Studienausgabe in 15 Banden*,缩写KSA,实为十三卷,后两卷为"导论"、各卷校勘注和尼采生平系年),虽享有盛名,却并非"全集",仅为尼采生前发表的著作和相关未刊笔记,不含书信。柯利和蒙梯纳里另编订有八卷本"考订版尼采书信集"(*Sämtliche Briefe Kritische Studienausgabe in 8 Bänden*)。

其实,未刊笔记部分,KSA版也不能称全,因为其中没有包含尼采在修习年代和教学初期的笔记——这段时期的文字(包括青年时期的诗作、授课提纲、笔记、书信),有数位学者历时数十年编辑而成的五卷本"尼采早期文稿"(*Frühe Schriften：Werke und Brief* 1854 - 1869；Joachim Mette 编卷一、二；Karl Schlechta/Mette 编卷三、四；Carl Koch/Schlechta 编卷五)。

若把这些编本加在一起(除去KSA版中的两卷文献),共计26

卷之多,全数翻译过来,我们是否就有了"尼采全集"?

柯利和蒙悌纳里起初就立志要编辑真正的"尼采全集",可惜未能全工,在柏林-布兰登堡学园(Berlin-Brandenburgischen Akademie der Wissenschaften)支持下,四位学者(Volker Gerhardt、Norbert Miller、Wolfgang Müller-Lauter 和 Karl Pestalozzi)接续主持编修(参与者为数不少),九十年代中期成就44卷本"考订版尼采全集"(Nietzsche Werke Kritische Gesamtausgabe, 44 Bände, Berlin/New York, Walter de Gruyter 1967—1995,共九大部分,附带相关历史文献)。我国学界倘若谁有能力和财力全数翻译,肯定会是莫大的贡献(最好还加上 Supplementa Nietzscheana [尼采补遗],迄今已出版7卷)。

"全集"的第二个含义,指著作者发表过和打算发表的全部文字,这类"全集"当称为"著作全集"(KSA 版十五卷编本有一半多篇幅是尼采 1869—1889 年的未刊笔记,尼采的著作仅占其中前六卷,未刊笔记显然不能称"著作")。尼采"著作全集"的编辑始于十九世纪末。最早的是号称 Groß oktavausgabe 的 19 卷本,1894 年开始出版,其时病中的尼采还在世,前八卷为尼采自己出版过的著作,九卷以后为遗稿;然后有 Richard Oehler 等编的 *Musarion* 版 23 卷本(1920—1929)、Alfred Bäumler 编订的 *Kröner* 版 12 卷本(1930 年始陆续出版,1965 年重印)。这些版本卷帙过多,与当时的排印技术以及编辑的分卷观念相关,各具历史功绩。

1956 年,施勒希塔(Karl Schlechta)编订出版了"三卷本尼采著作全集"(*Werke in 3 Bänden*),附索引一卷,袖珍开本,纸张薄、轻而柔韧,堪称精美的"尼采著作全集"。尼采自己出版的著作精印为前两卷,卷三收尼采早期未刊文稿和讲稿以及"权力意志"遗稿。KSA 版问世后,施勒希塔编本因卷帙精当仍印行不止——迄今已印行十余版(笔者所见最近的重印本为1997年),引用率仍然很高。

施勒希塔编本最受病诟的是采用了尼采胞妹编订的所谓"权力意志"遗稿(中译《权力意志》,张念东、凌素心译,北京:商务印书馆,1991)——由于没有编号,这个笔记编本显得杂乱无章(共辑1067条),文本的可靠性早已广受质疑。KSA版编辑尼采笔记以年代为序,从1869年秋至1889年元月初,长达近20年(七至十三卷,近五千页),其中大部分不属遗著构想,所谓"权力意志"部分仅为12和13卷(中译本,《权力意志》,孙周兴译,北京:商务印书馆,2007)。

有研究者认为,尼采并没有留下什么未完成的遗著,"权力意志"(或者"重估一切价值")的写作构想,其实已见于最后的几部著作(《偶像的黄昏》《善恶的彼岸》《道德的谱系》《敌基督》)——尼采想要说的已经说完,因此才写了《瞧,这个人》。按照这种看法,尼采的未刊笔记中并没有任何思想是其已刊著作中没有论及的。

研究尼采确乎当以尼采发表的著作为主——重要的是研读尼采或充满激情或深具匠心地写下并发表的文字。尽管尼采的书显得好看,实在不容易读(首先是不容易译),编译尼采著作,不仅当以尼采的著作为主,要同时注重注释和解读。

我们这个汉译"尼采注疏集"含三个部分:

1. 笺注本尼采著作全集——收尼采的全部著作,以KSA版为底本(其页码作为编码随文用方括号注出,便于研读者查考),并采用KSA版的校勘性注释和波恩大学德语古典文学教授Peter Pütz教授的"笺注本尼采著作全集"(共十卷)中的解释性注释(在条件许可的情况下,尽量采集法译本和英译本的注释——Gilles De-

leuze/Maurice de Gandillac 主编的 Galimard 版法译全集本主要依据 KSA 版;英译权威本为"剑桥版尼采著作全集");

2. 尼采未刊文稿——选编重要的早期文稿(含讲稿和放弃了的写作计划的残稿)、晚期遗稿和书信辑要;

3. 阅读尼采——选译精当的文本解读专著或研究性论著/文集;

由此形成一套文本稳妥、篇幅适中、兼顾多面的"尼采笺注集",虽离真正的"汉译尼采全集"的目标还很遥远,毕竟可为我们研读尼采提供一个较为稳妥的基础。

"尼采注疏集"是我国学界研究尼采的哲学学者和德语文学学者通力合作的结果,各位译者都有很好的翻译经验——这并不意味着译本无懈可击,编译者的心愿是,为尼采著作的汉译提供一种尝试。

古典文明研究工作坊
西方典籍编译部甲组
2006 年 5 月

目 录

尼采的赠礼(译者前言) ………………………………… 1

前言 …………………………………………………………… 1
一 尼采的生平 ……………………………………………… 1
二 尼采生平对其哲学的意义 …………………………… 50
三 尼采的思想来源 ………………………………………… 67
四 尼采的哲学写作形式 …………………………………… 84
五 尼采对男男女女读者的期待 ………………………… 101
六 尼采的使命和主要区分框架 ………………………… 108
七 尼采对虚幻定向的批判 ……………………………… 118
八 尼采的自我批判性定向 ……………………………… 128
九 尼采的重估之路 ……………………………………… 136
十 《扎拉图斯特拉如是说》中的教导和反教导 ……… 149
十一 尼采的肯定 ………………………………………… 161
十二 尼采的未来？ ……………………………………… 192

附录一 尼采研究资源 …………………………………… 195
附录二 尼采著作缩写 …………………………………… 201

译者前言

尼采的赠礼

就像是一间小客栈,来有求者不拒,而去者忘怀或竟嘲笑!他没有任何优势,既没有更精美的饮食,也没有更纯净的空气,也没有更欢乐的心灵——但他赠予,回报,交流,和变得更为贫穷!他是如此谦卑,无论什么人走近他都不会自惭!加自己以许多的不公,蜗行于一切错误的篆道上,以便沿着那许多隐蔽灵魂的秘密道路走到他们的内心深处!永远地怀有某种爱,同时又永远怀有某种自私和自我欣赏!拥有一块领地,同时又隐姓埋名和拱手相让!永远躺在优美的和煦阳光之中,然而又知道通向崇高的阶梯伸手可及!——这将是一种真正的生活!一种使人有理由活的更长的生活!(尼采,《朝霞》449)

在这本引导读者阅读和思考尼采哲学的著作中,作者施特格迈尔(Werner Stegmaier)没有集中关注尼采那些为人耳熟能详的著名概念和学说,而是将尼采的概念和学说放到尼采生活、思考、写作的语境脉络中来加以理解和考察,并希望这种理解和考察最终反过来在读者自己的生活、思考、写作的语境脉络中产生某种影响,发挥某种作用。一种"个体间哲学思考"(inter-individuellen Philosophierens)——施特格迈尔这样称尼采的哲学思考。如此,则尼采哲学的主要使命——按照施特格迈尔的理解——即在一个上帝已死、形而上学体系失效的时代为人类的思考和行动提供某种哲学定向,庶几告成矣。因为,以施特格迈尔之理解,尼采为读者所提供的哲学定向就是让他们自己按照自己的方式和能力为自己做出某种定向(orientierung)。他对读者的要求只是他们不能没有定向或随便做出什么定向。施特格迈尔称,尼采的哲学思考"严格地在皮肤之下进行"(geht buchst？blich unter die Haut),这意味着,它不再像传统形而上学一样具有一个超个人的基础。但是,它并非因此就限于一己皮肤之下,它同时还具有一种超越个体的"个体间性"的指向。虽然它不再能够凭借这一超越指向而像传统形而上学一样教条地教导和信仰,但一种个体性的哲学思考可以作为示范和启发对另一个个体的哲学思考发挥某种影响,产生某种作用。

与一种超验或先验的哲学体系相比,一种个体间哲学思考的产生影响和接受影响更多像是赠送礼物和接受礼物,而不是神圣的启示或无可更改的永恒真理,充满偶然和不确定性,它将认识和事物保留在某种个体间交流的必然分散和开放状态上。因此,"赠礼"(Das Schenken, gift-giving)而不是"真理"乃成为尼采哲学的核心概念。尼采自称《扎拉图斯特拉如是说》,这部他的巅峰之作,是他送给人类的"最大礼物"。在这部书的副标题中,尼采称这是一本"为每一个人而又不为任何一个人写的书"(Ein Buch für Alle und Keinen)——真理在赠礼中同时到来和自我取消,赠礼本身对于赠送者和接受者的一种双重疏离的舞蹈:"永远地怀有某种爱,同时又永远怀有某种自私和自我欣赏！拥有一块领地,同时又隐姓埋名和拱手相让！永远躺在优美的和煦阳光之中,然而又知道通向崇高的阶梯伸手可及!""真理"于是得以保存为"真理","谜","女人"。

在《扎拉图斯特拉如是说》现存四卷形式的开头和结尾场景中,我们看到的都是,扎拉图斯特拉在学习太阳所具有的赠礼的美德,然后下山实践这种美德。因此,《扎拉图斯特拉如是说》全书可以被看作这种赠礼美德的实践。扎拉图斯特拉在第一卷最后专门就赠礼的道德发表演讲,他称赠礼的美德是他的"唯一美德"和"最高美德"(《扎拉图斯特拉如是说》,第一卷,"论赠礼的美德")。施特格迈尔认为,必须在"太阳"的比喻下来理解扎拉图斯特拉的全部教导。"赠礼"是尼采哲学最重要的概念之一,而全部尼采哲学思考本身,也可以被看作一种赠礼实践。

赠礼的产生:作为自我解脱的尼采哲学

有两种常见的尼采解释方式。一种是几乎完全用传记性材料来解释或还原尼采思想。丹豪瑟(Werner Danhauser)说,现代人喜欢给一个思想家做心理分析,而不是分析他的思想,尼采从这种做法中吃到的苦头比大多数思想家都要多,虽然不无讽刺意味的是,在很大程度上正是尼采自己使这种现代爱好具有了可敬的思想外表。① 另一种是忽视个人传记性因素,抽象地理解和表达尼采思想。例如,海德格尔(Martin Heidegger)在其开创性的尼采研究中,认为所有思想家都思考"同一个东西",并将尼采思想概括为"权力意志""永恒复返""超人""虚无主义"等等教条,尼采被定位为"最

---

① 参丹豪瑟,《尼采眼中的苏格拉底》,田立年译,北京:华夏出版社,2013,页5、6。

后一个形而上学家"。①

在这本介绍尼采思想的著作中,施特格迈尔试图将这两种方式有机地结合起来,既联系尼采的生平和写作等传记性因素同时又超出这些因素来理解尼采,探讨尼采个人性哲学思考的普遍的个体间的意义。在他看来,尼采是一个哲学家,其使命是寻求解脱和解放:从信仰中解放出来,从各种精神枷锁的束缚中解放出来,最后变成"自由的精神"。在完成这一使命的过程中,尼采的疾病,这一最重要的传记性、个人性和偶然性的因素,对尼采帮助最大。但是,尼采的自我解放超出了疾病等传记性因素的范围,对其他读者具有普遍示范和启发的哲学意义。因此,不了解尼采的生平,我们将无法理解尼采的哲学思想,但仅仅了解尼采的生平,我们也将无法理解尼采的哲学思想。(参本书第二章)

例如,尼采主要以格言方式写作。从来没有一个哲学家赋予格言以如此重要意义,并给格言这一写作方式打上如此深刻的烙印。但是,促使尼采选择这一写作方式和思考方式的并非一种形而上学的理论性的根据,而是尼采本人的一种偶然存在条件:他由于"头痛和视力不佳"而不得不采用"倒霉的电报文体"。然而,值得注意的是,即使在这种不利情况下,尼采也很快从他的困境中找到了一种美德;随着格言的传记学上的必要性而来的是对于格言的文学意义的认识,以及随着对格言的文学意义的认识而来的是对格言的哲学意义的认识。对尼采来说,格言简洁有力,言有尽而意无穷,因此为不同个体之间的哲学思考留下了游戏空间;格言将所要表达的观点尖锐化,可以使其脱离惯常语境,自由地进入新的、不同的语境,因而消除了形而上学家所追求的体系形式;格言由孤立的、自为的、直

---

① 参海德格尔,《尼采》,孙周兴译,北京:商务印书馆,2014。

接照亮自己的思想组成,对未来更开放,因此,虽然格言简明地概括思想,但却不会使思想重新变成形而上学。又比如,尼采自称自己以"中立性"和"客观性"著称,是"颠倒视角的大师"和价值重估者,但与通常形而上学哲学传统的做法不同,这种客观性不是建立在某种超个人的形而上学或某种神圣性的基础上的,而是建立在他的独特的生理条件上:从他父亲那里他继承了威胁生命的疾病,而从他母亲那里他继承了坚不可摧的生命力。(参本书第二章)

因此,尼采的哲学思考首先是一种自我解脱和自我克服。尼采称他的哲学思考为"大解脱"。这种解脱确实将尼采从某种生理和生活困境中解脱出来,上升到作为"健康学说"的哲学思考和哲学学说,但是,它并没有将他解放到一个远离人世的彼岸世界和超越世界,成为一种形而上学甚至神学学说创造者,而是解放到人世之中,作为生病和恢复健康的正常的人,面对同样处于"困境"中的其他个体。尼采的哲学思考是在"皮肤之下进行的",但是,在这个过程完成之后,它也是在"皮肤"之间进行的。在这个高度上,他没有提供普遍的救赎学说,而是用他自己的患病和康复的例子,向其他个人表明了一种通过哲学救赎和解脱的可能性。关于这种哲学解脱和救赎实践,他在各种著作中加以表述,并在《瞧这个人》中钩玄提要地现身说法,而其他人对此可以接受也可以不接受,可以加以改造也可以完全机械地加以遵守。他们也可以把他的生动具体的哲学思考搞成几个核心概念和体系。设若如此,那么,这是接受者的体系,而不是尼采自己的体系。①(参本书第四章第二节)

---

① 韦伯称表明这种解脱的"何所来"和"何所去"以及"如何做"乃是诸世界图像的根本作用。韦伯在《比较宗教学导论——世界诸宗教之经济伦理》中说:"人们希望'自何处'被拯救出来、希望被解救到'何处去',以及……'要如何'才能被拯救,这些问题的解答全在于个人的世界图像。"见《韦伯作品集V:中国的宗教·宗教与世界》,康乐、简惠美译,桂林:广西师大出版社,2004年,页477。

赠礼的典范和原型：扎拉图斯特拉的太阳

关于他自己的哲学思考的性质，关于读者应该如何理解和对待他的学说，尼采在其笔记和著作中，包括在其巅峰之作《扎拉图斯特拉如是说》中，多次加以描述。当扎拉图斯特拉离开人世，在高山之巅的孤独中呆了十年之久，培养和积累他的智慧直到充溢的程度，他感到一种"充溢的痛苦"，他处于一种个人的"困境"中，急需哲学将他从其中解脱出来，急需像太阳一样赠送和分发他的智慧。扎拉图斯特拉渴望倾空自己，像太阳一样走到海的那边，走到世界的那边，于是他开始"下降"，开始教导"永恒复返"和"超人"。

在这一太阳比喻中，尼采的哲学思考是一种上升，但它又拒绝上升到柏拉图的理念和作为最高理念的"太阳"的高度。扎拉图斯特拉所学习的太阳与柏拉图洞穴比喻和太阳比喻中的太阳具有明显的共同之处。二者都是高高辐射生命和热量、并且带来认识之光的天体。然而，二者也有重要不同。尼采的太阳与柏拉图的太阳实际上具有一种竞争关系。柏拉图的太阳是一个超越甚至神圣的太阳，它位于形而上学体系的最高点，君临万物，通体是善，乃是形而上学和基督教神学的来源，它本身无需被照耀者，它的光线和形象并非赠送给被照耀者的礼物，而是被照耀者自己的模仿和主动寻找。而尼采的太阳则处于一个低得多的地位，一个中间位置，按照尼采自己的骄傲宣称也不过仅仅"在人和时代之上 6000 英尺"而已，它与它所赐予光、热和生命的对象——在上面的图景中是扎拉图斯特拉和他的动物，在扎拉图斯特拉成为太阳式赠礼者的情况下则是他之外的一切——实际上是平等的，它每天来到扎拉图斯特拉的山洞前；扎拉图斯特拉作为这个太阳照耀的对象与其关系亲密，以"你"(du)相称;扎拉图斯特拉甚至在表示感激太阳送来光和热的同时,称这是一种相互感激、相互依赖和相互补充的关系,因为没有被照耀的对象,太阳亦无幸福可言;当扎拉图斯特拉学习太阳期满,自己也成为欲给出自己的太阳时,他也必须走下高山之巅,开始下降和沉没,重新成为凡人。柏拉图的太阳只有一个,而尼采的太阳则有许多变形:善的理念反对万物皆权力意志。

在向太阳宣布感激照耀和学习像太阳一样下降的同时,尼采同时强调,太阳并非绝对的赐予者,而是同时也是需要被赠礼者的接受者,处于与需要阳光照耀或智慧的被赠礼者相反但同样深刻的困境中。充溢的生命同时也是充溢的痛苦,它渴望释放自己,必须释放自己,但是如果没有释放的对象,它就不可能释放自己:

> 你伟大的天体啊!如果没有你所照耀的人们,你有何幸福可言哩!(《扎拉图斯特拉如是说》,"前言",钱春绮译文,下引同)

在随后的著名的"夜歌"里,尼采淋漓尽致地展现了像太阳一样下降到人们中间倾空自己的作为赠礼教导者的扎拉图斯特拉的贫乏:

> 我的手总是不停地赠予,这就是我的贫穷;我看着期待的眼睛和充满渴望的明亮的夜,这就是我的嫉妒。
> 哦,一切赠予者的不幸啊!哦,我的太阳的日蚀啊!(《扎拉图斯特拉如是说》,"夜歌")

在扎拉图斯特拉的歌里,光哀叹自己的孤独,哀叹自己生活在自己的光里,渴望自己是夜,像夜一样黑暗,梦想着受取者甚至盗取者是多么幸福。① 在此存在着吸引者和被吸引者,照耀者和被照耀者的某种互相置换和紧张。

因此,与柏拉图的太阳相比,尼采的太阳不仅是充溢的,时刻准备赠送和献出自己的,而且是凡俗、有限和贫乏的,时刻有可能欲馈送而不得,被接受者所完全拒绝,因而无法释放自己的"充溢的痛苦"的。它就在这种充溢和贫乏的双重约束下静静地燃烧,输送并非绝对强烈但仍然绵绵不绝的光和热。这并不奇怪。如果上帝,最高的太阳,已经陨落(尼采在《快乐的科学》386 中描写了这个太阳在太空中的陨落),那么,绝对的照耀和辐射强度就不再可能,充溢将被压缩到一个个有限的生命实体之中,温和和断续地发出光和热。这种光和热将不再高于它的照耀对象,因而只能在有限的条件下才能发挥作用。在另外一些条件下,它则不能发挥作用。在不同的条件下,它的照耀强度和作用将会不同。扎拉图斯特拉以及尼采或许仍然站在一个高迈的立场上,但这种立场绝非超越的、彼岸的立场。充溢和贫乏,乃是尼采太阳比喻的飞轮的两翼,二者共同构成了赠礼,缺一不可,因为压倒性的充溢不是赠予,单纯的亏空和贫乏也无法赠予。

---

① 关于"夜歌"的主旨,沃格林解释为"被恩典拒绝"的哀叹,而或许可以认为,这是"出于充溢的放弃"。或者更恰当的说法是:这是"距离的激情",由于夜的神秘之不可参透所激发的激情。夜歌显然不仅仅是忧伤哀叹之歌,而是一首节制而优美的"灵魂之歌",一首在夜幕下才苏醒过来的"热爱者之歌"。("夜来了:现在一切跳跃的喷泉更加高声地说话。而我的灵魂也是一注跳跃的喷泉/夜来了:现在一切热爱者之歌才苏醒过来。而我的灵魂也是一个热爱者之歌。")参沃格林,《没有约束的现代性》,张新樟、刘景联译,上海:华东师大出版社,2007 年,页 32 - 34。

赠礼的美德

充溢而贫困,渴望释放自己,给予和献出;贫困而充溢,因为自我抑制,因为致密而能量勃发。这就是扎拉图斯特拉学习的太阳的赠礼,这就是扎拉图斯特拉的赠礼的美德。这一美德对于理解尼采和扎拉图斯特拉极为重要。扎拉图斯特拉称,"赠予的道德是最高的道德"。实际上,它也是扎拉图斯特拉的"唯一的"道德。扎拉图斯特拉对这一道德的描述乃是对他自己的描述。①

确实,这时你们的道德乃是一种新的善与恶!确实,乃是一种新的深处的哗哗响,一种新的泉水的声音!

这种新的道德乃是力量;乃是具有支配力的思想,围绕它的乃是一个聪明的灵魂:一个金色的太阳,盘住这个太阳的是认识之蛇。(《扎拉图斯特拉如是说》,"论赠礼的道德")

与形而上学和神学传统的真理宣告和赐予相比,尼采作为个人解脱的"真理"演讲和宣告只是一种平等的赠礼:对象或不接受,或将赠礼用作他途,一旦赠出给予者即不再有支配权。无论在给予之前还是在给予过程中,或是在给予之后,给予者都有赖于被给予者的互动。释放的善意,若无接受的善意,则不能成立。另一方面,接受者并没有在接受赠礼的同时接受了赠礼的指定使用条款,他们可以也必须自己确定赠礼的使用,这种使用可能不同于或偏离赠礼拥

---

① 参朗佩特,《尼采的教诲》,娄林译,上海:华东师大出版社,2013年,页126。

有者对赠礼的使用,但这正是赠礼的规定范围和命运。

例如,尼采让他的主要人物扎拉图斯特拉教导"永恒复返"和"超人"学说,这两个学说也成了尼采最著名的学说,但是首先,扎拉图斯特拉并非尼采,尼采并不希望人们将他与扎拉图斯特拉混为一谈。这两个学说与其说是尼采的标志性学说,不如说是尼采所虚构的教师扎拉图斯特拉的标志性学说。其次,尼采让扎拉图斯特拉在这两个学说上最后以失败告终。市场上的民众,他的动物们,高人们,从来都没有正确地理解他的教导。因此,关于他自己的学说,扎拉图斯特拉最后给出的也只是"符号"(Zeichen)。例如,关于超人概念,扎拉图斯特拉并没有提供任何普遍有效的概念,而是提供了多层次可解释的符号、不断改变形态的图像,特别是江河,湖泊,河流,小溪,和海洋等等隐喻,但也包括其他形象的、故意反其道而行之的隐喻,诸如闪电,台阶,桥梁,云朵,诸神,魔鬼。扎拉图斯特拉最后还"歌唱"起来。对于这些符号和"歌",以及对于作为尼采自己的"符号"的扎拉图斯特拉这个人本身,甚至对于尼采自己,由于每个个人的定向及其各自立场和视角的分离,人们在游戏空间中每次都会加以不同的理解;人们可以察觉和限制这一"不同理解",但是永远不可能完全予以消除。"对每一个灵魂",尼采让他笔下的扎拉图斯特拉说,"都有一个不同的世界;对于每个灵魂,每个另外的灵魂都是一个背后世界"。总之,尼采在其著作中所提供的,本质上是一种不可计算性,一种"赠礼":一种给予,不期待欣然接受,一种赠送,不需要作出回报,一种创造,推动一种不同的方向确定按照它自己的方式继续前进。(参见本书第十章第一节)

赠礼的赠送者：为一切人和不为任何人写作

因此，贫困和充溢的双重约束并非尼采阅读和尼采研究中的偶然缺陷，而是尼采为其思想和著作自觉设定的核心机制，所以他才会将其作为《扎拉图斯特拉如是说》一书的副标题：为每一个人而又不为任何一个人写的书。这意味着，就尼采著作来说，与过去的所有著作不同，它同时为任何特定对象写作又不为任何特定对象写作，为"驴子"和"强敌"写作，同时又不为任何人写作，甚至不特别为只是等待倾空自己的作者写作。替代形而上学和神学的认识论傲慢的是变得贫穷、被嘲笑、被利用、被歪曲同时又怀有某种隐秘的自我骄傲的语文学的谦卑。

尼采宣布，他为一切人写作，既为那些和他这个作者一样"有心计、能屈能伸"的理想读者，也为那些"自由精神"写作，同时还精心地为那些"驴子和老处女"写作：

> 就我为之思索的问题来说，我必须将许多东西说的简略，这样人们才能听到的更为简略。因为作为非道德主义者，我必须小心翼翼地不要去败坏那些清白无辜的人——我指的是那些驴子和老处女，这些人从生命中获得的除了清白无辜之外就没有其他东西了；我的写作甚至应该具有鼓舞人心，弘扬正气的效果，鼓励这些人努力追求美德。对我来说，这个世界上最欢乐的景象莫过于看到被道德热情冲昏头脑的驴子和怀着美德的甜蜜情感沾沾自喜的老处女们了。（《快乐的科学》381）

尼采尤其为他所渴望的"强敌"写作。尼采自己承认,他不再渴望在某种一般(Allgemainen)中获得压倒性优势,也不再渴望这种压倒性优势形成的集体和安慰;他现在"渴望的是有一个强敌"。实际上,尼采一直在与笛卡尔,柏拉图,亚里士多德,特别是与基督教和苏格拉底竞赛,他的作品在某种意义上首先是为这些对手而非弟子写作的。或者说,他更愿意他的弟子成为这样的竞赛的对手,这才是他们对老师的最好的报答:一个只会说"是,是"的学生是老师的失败。在论述赠予的道德的演讲最后,他与他的弟子们分道扬镳,说他们必须离开他,抵制他,只有当他们全都不认识他,他才愿意回到他们身边来。

同时,他的写作又不是为任何人的。在某种意义上,也许我们可以将尼采的"不为任何人"理解为"不为任何特定个人",哪怕是作者自己,并且只有这样才能为"一切人写作"。矛盾的不是"为一切人"和"不为任何人",而是"为一切人"和"为特定个人"。尼采因为不为特定个人——哪怕这个个人是作者自己——写作而得以为任何一个人写作。确实,尼采曾经呼唤"语文学训练的读者"或和作者一样悉心的"读者",并称《扎拉图斯特拉如是说》是一本"不可理解的书,因为它来自我所有而其他人都没有的经验",似乎认为作者或与作者心有灵犀的读者的阅读和解释具有某种特殊优势地位。但是,这种优势地位是相对的,是相对于某一特定视角而言的,就尼采哲学对形而上学信念的彻底摧毁而言,这样一种特殊地位说到底并不存在。尼采消除的形而上学的最后实体乃是一个稳定的自我的概念:"我们自己对我们自己乃是陌生人"。因此,尼采为"一切人"同时又不为任何人写作:你我他,过去未来现在,好读者,坏读者,聪明人和笨蛋,道德家和学者,宗教创始人和战士。

例如,扎拉图斯特拉同样几乎对一切对象讲话:他的弟子,太阳,圣人,走钢丝者,小丑,森林中的老人,小老妇人,蝰蛇,大狼蛛,生命,智慧,火犬,预言者,驼背,陌生的水手们,侏儒,天空,"扎拉图斯特拉的猿猴",孤独,大毒蛇,鹰,永恒,两个国王,"有精神的尽职者",耍魔术的人,最后的教皇,最丑的人(上帝的谋杀者),自愿的乞丐,以及他自己的影子,他自己的内心,他的灵魂。① 但是,扎拉图斯特拉的教导一直是不成功的。市场上的民众,当他发表他的超人教导时只会报之以哄笑,那些年轻人,他们与他结交,而当他对他们阐述关于权力意志的生命教导时,他们误解教导(《扎拉图斯特拉如是说》I 和 II),还有他那时仍然留在身边的动物,它们将他的"永恒复返"的"深渊似"思想(《瞧这个人》,"扎拉图斯特拉"6)编成了"手摇风琴曲"(《扎拉图斯特拉如是说》III,"康复者"),那些"高人们",他们自己已经获得了一种高级教师权威,却仍然离不开一种最高权威,最后求助于一头驴子(《扎拉图斯特拉如是说》IV)。每个人都至少在某个时候是一头驴子,甚至尼采自己,对于读者的疏离乃是自我疏离。(参本书第五章第三节)

赠礼的接受者:尼采的广泛接受和创造性的系统误解

尼采接受的历史和现状从外部反映了尼采所给出的教导的赠礼性质。施特格迈尔指出,一方面,尼采著作持续风靡,读者来源广泛,各行各业的人都阅读他的著作,从中汲取灵感,他的著作甚至成了普通人的关键词的来源;"上帝死了""超人""权力意志"等等,闻

---

① 参丹豪瑟,《尼采眼中的苏格拉底》,前揭,页217。丹豪瑟对比扎拉图斯特拉的演讲和苏格拉底的演讲。苏格拉底的演讲对象是非常有限的,而扎拉图斯特拉对众多人和事物演讲。

名遐迩,远远超出哲学专业研究的范围,成为一种文化和社会现象。另一方面,尼采的著作从未在任何人——甚至包括作者自己——那里得到穷尽性、排他性、终极性的理解。尼采表示,他的"老朋友们"总是误解他的思想,而他的"母亲和妹妹",这世界上对他来说两个最亲密的人,乃是对他那"深渊似的思想"即永恒复返的最大异议。像他笔下的扎拉图斯特拉一样,尼采有时也亲自出马传播他的思想,但结果也和"永恒复返"的教师扎拉图斯特拉一样,铩羽而归。有时,尼采甚至与他自己拉开距离,承认读者甚至需要警惕他自己的求体系的意志。

这一张力也反映在尼采研究复兴的主要推动者海德格尔与尼采的关系上。直到今天,尼采研究已经极大复兴。但是,这一复兴几乎完全拜海德格尔一人之力,尼采由于他而成为与其他西方大思想家比肩的最伟大的哲人,而海德格尔,施特格迈尔所谓"最敏锐和细心阅读"的尼采读者,却也是尼采的最有力的指责者,他指责尼采未能摆脱西方形而上学的轨道,并将其予以最后完成,是最后一个"形而上学家",尤其是他将尼采的思想概括为"权力意志","永恒复返","超人","虚无主义"等等教条。这种双重约束的强力效果反映在,海德格尔的做法在"溶解概念"和"形式流动"的尼采那里,似乎胶柱鼓瑟,缘木求鱼,但它同时确实也以其"思想的强暴""充分体会文本,使文本向思想敞开,使文本解放成为思想,而不是简单地把文本还原为一种了无生气的阐释套路"。[①]

更进一步说,今天的尼采研究同样仍然停留在这种双重约束的

[①] 参 Jeffrey L. Powell,《马丁·海德格尔思想道路上的尼采讲座》,载《海德格尔与尼采》,阿尔弗雷德·登克尔等编,孙周兴、赵千帆等译,商务印书馆,2015,页 149。

张力之中。部分是通过海德格尔的影响，尼采探讨的一系列主题都在二十世纪成了"显学"。如施特格迈尔在本书最后概述尼采研究的进展和现状时所说，尼采所思考的一系列非常不同的主题在今天都得到了更详尽的思考，无论是人类的性的经历（弗洛伊德），还是虚无主义（海德格尔，荣格，洛维特），哲学的解定向化（莱尔，罗蒂，费耶阿本德），形而上学批判（德里达，德勒兹），（后-）现代讨论（瓦提莫，哈贝马斯，斯洛特-加龙省戴克），对于道德和文化的谱系学发掘（福柯），隐喻学（考夫曼，布鲁门伯格），高贵伦理学（列维纳斯），等等，等等，但是，另一方面，所有这些思想与其说是尼采思想，不如说与尼采思想有着或多或少的巨大距离，甚至经常是在对尼采作品多少有意追求的无知中详尽发展出来的。施特格迈尔指出，与尼采与之竞赛的那些思想史上的对手们——笛卡尔主义，康德主义，黑格尔主义，或者柏拉图主义和亚里士多德主义，以及特别是苏格拉底主义——相比，并没有什么真正的创造性的尼采主义，也许只有犹太尼采主义是一个例外。（施特格迈尔关于尼采接受和尼采研究的上述叙述。参本书第十二章）

赠礼与距离的激情及其再生产

上述尼采接受和尼采研究中的悖论性现象，主要依据本书中施特格迈尔教授的叙述。或许可以认为，这些悖论性现象更多来源于尼采写作过程和思想设定中的一种内在的双重约束。由于为一切人写作，所以吸引了众多的追随者和关注者，而由于不为任何人写作，尼采这个人对于读者来说就可以永远保持为一个"X"，引人猜解，甚至对于作为读者的尼采自己来说也是如此，所以他模仿旁观者彼拉多的口气为他的"生平自述"命名："瞧这个人"，仿佛他就像彼拉多一样,置身自己之外,不无惊异地看着自己。毫无疑问,施特格迈尔教授所指出迄今尼采研究的这些相对不足和问题,确实需要改进和将会得到改进,但是,原则上说和根本上说,尼采研究中的误解和偏离将不会消失。①

然而,因此就产生了一个问题。使赠礼的双重约束成为支配性原则的不是别的,乃是其中所包含的张力和距离,前面已经反复申述过这种张力和距离:丰富和贫乏,接受和给予等等。赠礼的道德本身出自尼采所谓"距离的激情",对于他人和自我的双重的距离的激情,出自对于不可消除的差异的意识和激情。但如果这种双重约束原则有可能成为"唯一"原则,支配了从写作到阅读的全部过程和阶段,那么,什么是这一双重支配原则的外部和区分原则呢?我们如何仍然能够与这种变得唯一的原则拉开距离并因此维持"距离的激情"呢?这样一种原则不是有重新变成它所取代的形而上学或神学的危险吗?扎拉图斯特拉"最高道德"的前提条件还能存在吗?

答案在于,如施特格迈尔所指出,尼采的定向并非无区别地将所有人从其过去的束缚中解脱出来,使其简单地去语境化,变成自由原则或双重约束原则的单纯客体,而是同时也要求他们进入新的束缚中,重新生产贫困与丰富的双重约束,重新将自己个人化和语境化。尼采对人们的定向就是让他们自己为自己定向。因此,它是一种统一性原则,但这种统一性原则的内容和效果是分殊和差异化。人们之所以能够给自己定向,主要不是因为从负面上说,赠礼

---

①施特格迈尔认为,对尼采来说,理解总是一种"不同理解"(Anders - Verstehen),一切理解中存在的误解乃是尼采哲学的核心问题。参 Werner Stegmaier,《摆动的哲学:狄尔泰和尼采》(*Philosophie der Fluktuanz*: *Dilthey und Nietzsche*, Göttingen: Vandenhoeck & Ruprecht, 1992, 页 282)。

行为将他们从过去的束缚中解放出来,因而获得自主和自由的支配权,而是因为从正面来说,由于赠礼行为赋予他们的自我支配的责任,所以他们必须给自己定向,重新生产出自我定向的语境。换句话说,他们必须各个为自己区别性地自我定向。因而,自我定向不是空洞的同一原则,而是实质性的差异原则。只有仍然停留在他人定向的大一统奴隶制下的人,才会在想象中幻想,一旦抛弃奴隶制度和主人,任何语境都将不复存在。

赠礼、权力意志与永恒复返

在尼采看来,赠礼代表了被赠礼者的一种权利,这种权利在赠礼者来说则构成一种义务。这种权利像所有权利一样,来源于权力。对于被赠礼者所拥有的某种权力,赠礼者予以承认,并希望被赠礼者保持这种权力。但是,就赠礼来说,它起源于赠礼者的某种超出的或者充溢的权力,并因此假定了在被赠礼者方面只有微弱的权力感。因此,在赠礼的关系中,固有一种不平衡和不稳定。为了修复倾斜的权力关系,必须赋予被赠礼者更大的权力,以与赠礼者的权力相当。因为按照尼采的看法,一旦权力关系发生变动,权利也就不复存在。因此,我们看到,尼采哲学致力于修复这种权力关系,无论是被太阳照耀者对于太阳的权力,还是追随者对于导师的权力,或读者对于作者的权力。①

永恒复返学说是尼采对于权力关系变动所造成的义务关系变动的最极端的修复。出于权力意志的压倒和否定在永恒复返学说

---

① 参尼采,《朝霞》112,田立年译,上海:华东师大出版社,2007,页149、150。

中得到了最终的解决。所以尼采称"永恒复返学说",《扎拉图斯特拉如是说》这部书的宗旨,乃是肯定一切。一切都不会消失,一切都会复返,包括最令人烦恼之物,最卑贱之物和最肮脏之物。这使永恒复返思想变得难以承受,甚至对尼采本人也是如此。他称这一思想为自己的"深渊似的思想"。在永恒复返思想中,尼采使无权力者具有一种权力,不能被强力战胜和克服的权力,因而保证了其权利,并因此要求赠礼者方面的承认这一权利的义务。

结语:俟诸来者与不言之教——尼采思想的开放性

尼采思想由于赠礼设定而具有俟诸未来读者的解读和使用的特征,以及并非通过逻辑推理而是通过符号、歌唱、甚至沉默而不言而教的特征。一种个体间性的哲学思考要求符号、面具、婉言曲笔和猜谜,包含一知半解、误解甚至不理解在内。尼采作为赠礼的赠送者清楚地意识到这一点。施特格迈尔认为,对于他的那些著名学说,尼采因此总是持一种保留态度,总是不失时机地将其回撤到假设的位置。

施特格迈尔指出,当尼采在自己的笔记中为自己思考和写作,无需顾虑对其他人的传达和沟通时,他会干脆采取断然的方式,而不幸的是,这些笔记和手稿被加斯特和尼采妹妹以某种超出其重要性和断然的方式加以呈现,被海德格尔等认为代表了尼采意欲打造的"主楼";当尼采为了扩展自己的著作的影响而向出版者和批评家传达他的思想时,他有时会给他们提供方便的"概念",便于他们把握他的思想,虽然是以一种僵化的形式;在某些时候,尼采自己也必须采取某种固定的解释形式,在某个地方停留下来,或者用他自己的话来说,在某种程度上也是一只"驴子"。但是,尼采千方百计采取各种方式来保持他的思想的流动性和开放性,甚至将他的自我也放在这个开放和流动的过程中。通过对于这种概念和理论的临时性的意识,通过明确地宣布为一种"解释"而邀请其他更多的解释,通过在作品中自我出丑并且也让读者在他这里出丑,尼采的哲学思考避免了形而上学概念和体系的封闭性。尼采并不否认人们可以反驳他说,他关于世界是一种解释的说法本身也仍然仅仅是一种解释,关于思想的开放性和假定性的理论同样也是可以质疑的假定。但用尼采的话来说,"这更好"。恰恰由于尼采的思想"只是一种解释",它需要更多的解释,甚至需要狄俄尼索斯的毁灭性的解释来加以改造和发展。①

世界可以包含无限多样的解释,这意味着"解释的漫游"的开始,意味着尼采哲学所欲成为的"实验哲学"的开始。为了实现价值重估,在尼采看来,除了"生命"和生命所带来和要求的"新"之外,再也不需要更多的标准了。在"生命和文化的地平线内",尼采自己的定向指向地平线扩展和提高的方向。(参本书第九章)

> [人类现在]可以毫不夸张地接手这一新任务,而无需超自然力相助;是的,即使我们的行动半途而废,即使我们高估了自己的力量,但无论如何,除了对自己,我们根本不必对任何人解释:人类从现在开始可以做他想做的任何事情。(《人性,太

---

① 《约翰福音》12:24:"我实实在在地告诉你们:一粒麦子不落在地里死了,仍旧是一粒;若是死了,就结出许多子粒来。"在本书第三章中,施特格迈尔追溯了基督教作为尼采的思想来源之一的意义。另,按照笛卡尔的"我思故我在",你可以怀疑一切,但你唯独无法怀疑你在怀疑。

人性》Ⅱ,"杂乱无章的观点和箴言"179)

但是,需要指出的是,尼采思想的开放性并不意味着,未来的空间将是空荡荡的虚无,超人的勇士将徜徉于无地。尼采的漫游有其多重生命的脉络和目标,在变动的地平线上还笼盖着"大政治"的天空甚至命运的苍穹。就在上述同一段引文中,尼采认为,这是"时代的幸运","人类历史第一次为我们开启了宽广无比的视野,使我们可以看到将地球上的所有人类包括在内的人类大公的(menschlich-ökumenischer)目标",而我们同时又意识到自己拥有力量。"距离的激情"在宏伟的尺度上仍然存在,尼采名之为"命运之爱"。

* * *

在这篇前言中,我试图围绕尼采的"赠礼"概念,概要地介绍施特格迈尔在这部著作中对尼采哲学的理解,并进而思考和理解尼采哲学思想本身。本文大量引用了施特格迈尔在该书中的论述,但本文的主题和谋篇仍然由我自己负责,是我阅读和翻译施特格迈尔这部著作过程中形成的一些一己之见,尚祈读者方家指正。

施特格迈尔是德国格赖夫斯瓦尔德大学教授,尼采研究权威刊物《尼采研究》(*Nietzsche-Studien*)主编之一(另一现任主编是Günter Abel),著有大量解读尼采、德里达和列维纳斯的著作和论文,晚近出版的主要著作有《定向的哲学》(*Philosophie der Orientierung*, Walter de Gruyter 2008,施特格迈尔教授的哲学代表作)、《尼采解放哲学》(*Nietzsches Befreiung der Philosophie*, Walter de Gruyter 2012,对《快乐的科学》第五章的长篇语文学和哲学解读)。

本书翻译过程中参考、使用了多种尼采著作中译本，由于篇幅和主题限制，未一一注明中文参考文献，在此感谢所有尼采著作中译者的辛劳，特别是本书利用较多的钱春绮、孙周兴、周国平、魏育青诸位先生的出色翻译工作。译者也感谢施特格迈尔教授惠赠本书德文版和对本书翻译工作的支持。

前　言

　　[10]尼采作品易读而难解。时至今日,尼采作品的文体风格和思想财富仍然让人眼花缭乱,叹为观止。但是,人们却无法完全相信他所说的。与其说尼采让人信服,不如说他使人困惑,而使人困惑,这正是尼采想要看到的结果。尼采挖开哲学的广阔土地,拆毁千百年来人们愿意相信的一切的基础:真理,理性,逻辑和科学,道德和宗教,法律和国家,实体和主体,原因和结果,意识,意志和自由,自我保存,以及进步;同时,尼采却不想提供让人高枕无忧的新立场、新理论、新体系。面对人类生活的实在,尼采坦率,严厉,正直,因为他知道,实在只是看起来固定,实际上却是不确定的,在自身内是包含矛盾的。尼采总是让人失去定向(desorientiert),甚至当他正在提供定向(orientiert)时,也是如此。人类的定向(Orientierung),就我们所知而言,并不具有任何最后确定性。若人真能站在生活之外的某种理论的(先验的或超验的)立场,用闪闪发光、晶莹剔透的概念来把握生活,那么,这种确定性或是可能的吧。然而,哲学家也是血肉之躯,有其需要和必须,而这些需要和必须会在冥冥中引导他们的思考。尼采希望将追求绝对的意志重新置于生命的限定条件下,他的哲学思考严格地在皮肤之下进行(geht-buchstäblich unter die Haut)。尼采认为,人们先有一种[11]身体的哲学,然后才从中得出一种理论,并且也只是在必须得出一种理论

时,才从中得出一种理论。看一个人主张什么样的理论,就可以知道他是什么样的人;一种哲学理论既不是真的也不是假的,而是人们希望忘掉、摆脱的某些东西的征候。即使涉及的是尼采自己的生命,尼采也同样如此追问,无所后退。哲学思考必须从思考者本身开始,从他的视野、视角和定向开始;只有从他自己出发,他才能了解其他人;且经常也只能猜测性地了解其他人;要求普遍有效性的哲学是狂妄的。尼采用人们可以据有的视角的丰富性取代了哲学表面上的客观性。尼采不断在新的语境中,以及在为其伟大先辈们所未曾与闻的各种哲学写作形式中,试验其丰富视角。特别是他那将各种独立自足文本在开放语境中汇聚起来的格言体著作,在尼采的构想中,乃是按照一个中心原则构造起来的封闭体系的反方案。谁开始读尼采,谁就不能指望得到一种最终的、固定的立场,可以帮助自己定向,相反,他将会比任何时候都更体验到定向的需要和困难。他(或她)可以在解读尼采的过程中观察自己,看看自己在多大程度上可以接受尼采,可以与尼采针对所有表面上的最终确信的怀疑同行多远,而在什么地方他又必须停下来,仍然需要某些最终的、固定的、无时间性的、可以让自己抓住的形而上学。这种形而上学并非必然以形而上学本身和体系化的面目出现,而是也可能隐藏在宗教、道德、政治、科学和逻辑之下,甚至也可能隐藏在追问到疲倦程度的姿态之下。尼采的哲学思考是一种持续不断的实验,目的是看对他自己以及对他的(男女)读者来说,在没有这样一种形而上学的情况下,[12]人在多大程度上仍然能够定向。尼采不断推动哲学思考,追问使看起来自明的东西成为可能的条件,其目的是呈现其他不同的选项,扩展人类定向的游戏空间,这既让人感到惊恐又让人感到解放。在这方面,从来没有人像尼采一样走得这么远。尼采严肃地对待哲学,将哲学看作人类严厉自我批判的实验,这种实验不是在人面前隐藏而是展开生命及不断变化,不是将人昏昏欲睡地固定在似是而非的现状上,而是让他驾驭自己的力量,充满信心地、欢乐地与时间同行,并利用时间中的惊奇来达成新的定向。

帮助读者这样理解尼采,这是本引论的目的。本书不打算将尼采等同于其学说了事,而是尝试描述尼采的哲学思考本身,描述尼采进行创造的思想来源,他寻求建立的谱系关联,他所尝试的哲学写作形式,他对"男女"读者的期待,他为自己设定的"使命",他用来完成这些使命的"主要区分框架",以及因此还有他对于虚幻不实的定向的批判,他的自我批判性定向的要点和准则,他的"重估一切价值"之路和他的"肯定"。本书将清楚表明,超人、权力意志、永恒复返等等著名学说——他通过他的扎拉图斯特拉以及其他许多人之口说出这些学说——并没有穷尽尼采哲学;相反,只有理解他的批判性哲学思考过程,这些学说才能得到理解。因此,在一本薄薄的引论所能允许的情况下,应该尽量引用尼采自己的话(引文据KSA;词尾变化没有标出)。由于要了解尼采的哲学思考过程,就必须了解[13]他的生活状况和经历——虽然这当然不意味着了解了他的经历就了解了尼采的哲学思考过程——所以本书一开头将这些材料包括在内,以便同时对尼采的性格和道德立场有所认识。这将使一种现在仍然流行的解读不攻自破,这种解读希望将尼采描述为一个颠顶而不自知的原生法西斯战争狂人。然后,在第二章里,我们将表明,尼采自己如何评价他的经历对他的工作的意义。

由于篇幅限制,尼采著作的概述将不包括在本书中。一方面,在词典和手册中可以找到这些概述;另一方面,这样的概述将不可避免地孜孜于肯定性的"学说",而这正是尼采自己所批评的做法。

本书同样也最大限度放弃了对尼采研究的引述。时至今日,尼采研究是如此多元和分化,以至于即使只介绍关于某一主题的最有影响研究的正反意见,也要求另外写一本导论才行(关于法国、意大利和英语国家从1960年到2000年的尼采研究,已经有这样的一个导论,见附录中的RLN)。即使是在附录中收入公认重要的相关国际尼采研究的单纯书目,也会突破这本书的容量限制。因此,取而代之的做法是列出专业尼采研究的最重要的辅助工具。不仅包括能够引用的版本,还包括词典,手册和专业辞典,网络资源,尼采研究机构出版物,特别是非常精审的五卷本《魏玛尼采研究书目》(时间范围跨越1867到1998年,并且仍然在不断更新中)以及《尼采研究》(*Nietzsche – Studien*)中有关尼采研究当前进展的定期集中讨论,[14]各种关键词的文献索引同样见于尼采词典、尼采手册和尼采专业辞典。

一　尼采的生平①

1844—1864

1844

[15]10月15日,尼采出生于吕茨恩(Lützen)附近的洛肯村(Röcken)。尼采是卡尔·路德维希·尼采牧师(1813—1849)和妻子弗兰齐西卡(Franziska,娘家姓厄勒尔[Oehler])(1826—1897)的第一个儿子。尼采的祖父和外祖父也都是牧师。

1846

7月10日,尼采的妹妹伊丽莎白出生(她在尼采死后又活了35年,于1935年11月8日去世)。

1849

2月27日,尼采的弟弟路德维希·约瑟夫出生。6月30日,尼采崇敬和热爱的父亲因"脑组织软化"去世。尼采的弟弟于1850年1月4日去世。尼采在此前一天梦到父亲要把弟弟带到坟墓里去。尼采现在生活在全是女性的环境中(母亲,妹妹,祖母,姑姑,女仆)。

---

①[译注]这一章为尼采生平编年,采用简历式的文体写成,译文据原文断句。

1850

尼采全家搬到瑙姆堡。尼采上公立男童小学,同学们因为他一本正经而叫他"小牧师"。像他后来所说的,消极的一面是,他的性格一直"不实际"(Unpraktische)。

1851

尼采和志趣相投的朋友克鲁格(Gustav Krug)和平德(Wilhelm Pinder)一起转入候任牧师韦伯(Carl Moritz Weber)的私立学校。尼采上钢琴课。他后来成了一个优秀的钢琴演奏者,尤其擅长即兴弹奏。不再讲家乡的方言。

1854

尼采在哈勒孤儿院得到一个免费名额,尼采的母亲予以谢绝。尼采因此进入著名的教堂人文中学(Dom – Gymnasium)。尼采渴望做出成绩。开始尝试创作音乐、诗和戏剧。偏爱要塞和士兵游戏,[16]偏爱要塞防务绘图。尼采给同学留下自律的印象。尼采在内心一直孤独且享受他的孤独。由于头痛从学校请假。头痛病持续加重,在尼采精神清醒时期的生命中长期反复发作。学习游泳,喜爱滑冰。年幼的妹妹崇拜尼采。

1856

作第一篇哲学文章《论恶的起源》。

1858

作第一篇自传《我的生活》。尼采通过游泳考试。尼采全家搬入维恩加藤18号,尼采的母亲在这所房子里一直居住到生命结束(1897年)。

1858—1864

免费进入普福塔公立乡村寄宿学校(位于瑙姆堡)。古典语言几乎占了学校课程的一半。哲学几乎不重要。极为精确、详尽的

247条校规,严格的作息时间安排(最晚5点起床),学生的多种社会责任,家庭的划分。精确制定的惩罚体系(如背诵80节荷马诗歌)。每个学生在15名教师中挑选自己的导师。只有在夏天和圣诞节期间放假。中学里的"年度逝者纪念活动"(Ecce)。尼采现在生活在完全男性的环境中。尼采和稍后一起在波恩学习的多伊森(Paul Deussen,1845—1919)成为朋友,两人都服膺叔本华。在两人关系长期疏远后,多伊森最终成为哲学教授和印度哲学专家。不断生病住院。

1859

在他15岁生日时,尼采写道:"我现在强烈渴望知识和普遍的教育。"一位医生告诉尼采,他最后有可能完全丧失视力。

1860

与瑙姆堡的朋友克鲁格和平德一起创立"日耳曼尼亚协会"(Verein Germania)。在这个协会中,他们定期进行诗歌、学术以及后来也包括音乐和当代历史方面的创作,彼此互相[17]批评作品。日耳曼尼亚协会制定了严格的规定。协会购置瓦格纳的《特里斯坦和伊索尔德》中一段风行一时、广为演奏和演唱的钢琴乐谱。1863年夏天,日耳曼尼亚协会无声地消失,因为其他人不再提交他们答应提交的作品。

1861

由于在普福塔学校受到的对《圣经》的历史批评讨论的影响,尼采最晚在他的坚信礼之后即已放弃基督教。尼采"心爱之诗人"是荷尔德林。一位老师提醒他,应该爱好一位"健康而明亮的、属于德国的诗人"。后来尼采将荷尔德林看作是病态的、不健康的。

1862

希腊文和拉丁文学业成绩优异。在数学上明显的表现糟糕(尼采在从普福塔学校毕业时如是写道,"过分理智的科学","十分无聊")。尼采也没有绘画之才。在学校中作报告《论音乐中的魔力》。作文《命运与历史》,以及《意志自由与命运》。在高年级学生郊游时,尼采通常不喝啤酒,而吃巧克力。他熟练地即兴演奏钢琴。学生演出活动的角色不适合他。喝醉一次,受到处罚并感到后悔。

1863

关于埃尔马利希传奇(Ermanarich – Sage)的论文("由于这篇论文我的中学岁月庶几让我满意")。被匈奴战胜的不幸的东哥特国王的事迹长久让尼采着迷。与大地主的儿子格斯多夫(Carl von Gerstorff,1844—1904)开始成为朋友。在莱比锡和巴塞尔,两人之间交往特别密切。尼采的许多早期作品都是口授给他的。1877年两人关系破裂。1878年格斯多夫继承父亲的财产,成为"英王日耳曼军团"侍从官和约翰骑士团荣誉骑士。尼采总是将友谊看得比"丑恶而贪婪的性爱"更高。

1864

尼采写作关于希腊[18]哀歌诗人忒奥格尼斯的拉丁文毕业论文。在公元前6世纪不同社会等级之间的斗争中,忒奥格尼斯站在贵族一边(并为此抱怨高贵者不再被看作高贵者),但也劝人明智地加以适应,以及尽情享受生活和少年之爱。尼采在大学期间继续致力于研究忒奥格尼斯。尼采的"心爱之诗"是柏拉图的《会饮》。

1864—1865

在波恩度过两个学期,学习神学(根据母亲的愿望)和语文学(根据尼采自己的愿望)。尼采与多伊森以及其他普福塔学生一起加入大学兄弟会法兰克尼亚(Frankonia),还经历了一次(无伤害的)决斗,为一次募捐活动创作了一出"带有爱国主义结语的滑稽剧",但并不积极于此,一直保持距离。渴望更多的学术性聚会。避开狂欢节。长期经济紧张,预料之外的负担,再次重病("风湿病")。同时听沙尔施密特(Carl Schaarschmidt)的哲学大课,但这些课程似乎对他并无太大作用。继续关于忒奥格尼斯的研究。放弃学习神学,同时希望被允许学习作曲。据多伊森说,一个马车夫带着尼采游览科隆,意外地将他带到了一个妓院,尼采面对女子通过在钢琴上即兴演奏而得以解脱。妓院通常被看作容易引起梅毒感染的场所,而梅毒在那时还被看作是难以置信的疾病。在瑙姆堡休假期间,尼采不再陪同母亲参加圣餐仪式。但他在波恩还是想家。尼采追随著名的语文学教授芮启尔(Friedrich Ritschl,1806—1876)离开波恩大学前往莱比锡大学。在告别时尼采写道:"一切都促使我离开。"

1865—1867

[19]在莱比锡大学,尼采如鱼得水,很快就过上爱交往的学生生活,建立起密切的友谊。尼采放弃神学而专心致力于语文学,并从法兰克尼亚退出。在他所租住的房东、旧书商罗恩(Rohn)的店里,尼采发现了叔本华的《世界作为意志和表象》。面对这位"暴烈而忧郁的天才",尼采在一周多的时间里深陷"自我轻视",强迫性"自我谴责",甚至"身体煎熬":

> 我是这样理解他,觉得好像他就是为我写的。

就他的正常学习生活来说,他在芮启尔的激励下建立了一个语文学学会，其章程经大学法官（Universitätsrichter）正式批准。尼采在学会所作关于忒奥格尼斯研究的报告极为成功，并随后将报告送给芮启尔。芮启尔宣称，他还从来没有看到一个学生在仅仅三个学期之后就达到这样的高度，并鼓励尼采将研究写成一部著作。尼采在骄傲的同时感到害羞。尼采与芮启尔建立了密切的个人关系。芮启尔成了尼采的"学术良心"，但试图使他远离哲学。尼采也参加了芮启尔的语文学学会，这个学会每周由一个成员用拉丁语报告自己的研究。不知疲倦地"宣传"叔本华。

像一个圣徒一样生活，满足于只有点心和蛋糕的口腹之欲。与罗蒙特（Heinrich Romund，1845—1919）的友谊。罗蒙特后来跟随尼采前往巴塞尔大学。尼采力图使罗蒙特转向哲学。罗蒙特后来实际上成为哲学私授讲师，虽然作为叔本华主义者没有获得任何一个正式位置，但却凭借关于康德的著作而知名。与洛德（Erwin Rohde，1845—1898）的友谊。洛德同样追随芮启尔从波恩大学到莱比锡大学，同样加入了语文学学会，并且同样仰慕叔本华（尼采："迄今为止我第一次经历到，[20]一种友谊形成有一种伦理—哲学背景"——"我们常常互相争吵"。）洛德不遗余力地为巴塞尔时期的尼采摇旗呐喊，一直忠诚和无私地支持尼采，属于拜罗伊特支持者的小圈子，后来成为重要的古典语文学家，但自尼采与瓦格纳决裂之后与尼采日益疏远。如尼采所描述的，洛德是一个"长于批评和训练有素"之人，对他来说，尼采所谓"快乐的"科学的冒险不过是机智有趣的错误。在普鲁士和北德意志小国反对奥地利和南德小国的战争中，尼采表示赞成一个"愤怒的普鲁士"，

> 50年来从来没有如此接近实现我们的德意志希望。我开始逐渐认识到，也许除了毁灭性的战争造成的恐怖之外，并没

有其他温和一点的道路可走。

但他却没有去登记武器("我们在我们的学习中也可以效力祖国")。俾斯麦给他以"巨大的惊喜"。《忒奥格尼斯的最后编辑。关于〈苏达〉的文学－历史史料。论忒奥格尼斯格言集的历史》(*Die letzte Redaktion der Theognideea. über die literarisch-historischen Quellen des Suidas. Zur Geschichte der theognideischen Sprachsammlung*) 在重新命名的《莱茵语文学文库》(*Rheinischen Museum für Philologie*) 上发表。尼采阅读朗格(Friedrich Albert Lange)刚刚出版的《唯物主义史及其在当代意义的批评》。该书一直是尼采最重要的文献来源之一。

康德,叔本华,还有朗格的这本书——别的就不需要了。

关于第欧根尼·拉尔修的史料的研究。这一研究同时被芮启尔作为大学有奖征文的题目;尼采获得该奖。当论文在《莱茵语文学文库》上发表时,像以前那篇一样,并没有让尼采感到喜悦。

许多干脆是错误的,更多是大胆的言未及义,整体上说是不成熟的表达。

在罗斯(Valentin Roses)关于亚里士多德的著作的启发下,在语文学家学会作关于拉尔修所作亚里士多德著作之"综合目录"(Pinakes)的报告;[21]他的座右铭"每个人为自己写作"也来自罗斯这本书。探讨荷马问题以及所谓荷马和赫西俄德之间的竞赛,从而发现希腊人的一个根本特征是竞赛(agon)。决心磨砺自己的德文风格。抱怨书籍的泛滥。与洛德一起上马术课。研究朗格特别偏爱的托名德谟克利特的作品。

1867—1868

在瑙姆堡服役,成为"一年制志愿兵"炮兵,隶属野战炮兵团骑兵分队。该兵役被看作"最困难的兵役"。坚持、勇敢,证明自己善于骑马,享受士兵生活,将这种生活看作"解毒药",治疗"令人忧郁"的学习和作为语文学"劳工"的自己。从马上跌下来,胸骨重伤,"非常疼痛";用吗啡镇痛。住院治疗五个月。"在胸部中间留下了一道深深的疤痕"。继续他的语文学学习。被提升为下士,但由于"暂时不需要"而被解除兵役,在24岁生日那天从军队退役。

1868—1869

返回莱比锡。在《文学核心杂志》(Literarischen Centralblatt)上发表对语文学新作的评论。计划中的语文学博士论文题目讨论荷马和赫西俄德的同时代性,围绕费舍尔(Kuno Fischer)的康德解读以及康德的《判断力批判》(部分)的哲学博士论文[22]《论康德之后的有机体概念》。二者又都很快被放弃。明确拒绝自康德之后被与诗歌和宗教相提并论的形而上学;叔本华只是用意志替换康德的永远不可认识的X物自体;但是,尼采仍然敬重叔本华是"伟人",敬重他的真诚、他的勇气和他的文体风格。出于谋生的考虑决定未来成为语文学教授,同时计划与洛德在巴黎再度过一学年。聆听《特里斯坦》和《名歌手》的前奏让尼采沉醉。在东方学家波洛克豪斯(Hermann Brockhaus)府上——女主人是瓦格纳的妹妹,同时也是芮启尔太太的朋友;尼采为她演奏过《名歌手》中的曲子,此曲曾让尼采对瓦格纳倾倒——与"大师"本人结识。瓦格纳(1813—1883)亲自演奏《名歌手》片段,他们讨论叔本华,"星辰之间的友谊"——如尼采后来所称的(《快乐的科学》279)——破土发芽。在告别时瓦格纳邀请尼采去看他,尼采阅读瓦格纳的诗歌和美学作品,在他身上看到了像叔本华那样的天才。尼采写信给洛德说:

> 这就是第二个例子,在这个例子中,我们几乎无视流行的、为有教养公众所信奉的意见,为我们自己树立起自己的偶像。

他保持讥讽的距离("老高级教士叔本华为此摇晃他的哲学的圣水壶"),头脑简单的叔本华信徒和瓦格纳信徒让他反感。尼采,据芮启尔说,成了莱比锡社交界的一个宠儿,同时成了"莱比锡青年语文学家的偶像和领袖(尽管他自己并不愿意)"。尼采在很大程度上只在"上流社会"中活动,与学者、新贵、贵族艺术家往来,而与彬彬有礼、举止高贵和经常是年纪较大的女性的密切交往让他尤其感到自在。

1869

[23]就在尼采决心放弃语文学,打算——最可能是在巴黎——学习现代自然科学的同时,芮启尔却在暗中为尼采谋求巴塞尔大学希腊语言和文学的教职。该大学当时面临巨大困境(1870年总共只有116名学生),但仍然得到巴塞尔市工业、商业和教育贵族的持续支持。巴塞尔大学成了年轻讲师的跳板;不仅尼采,他的前任任职时也只有25岁。尼采首先被任命为编外教授,同时还需要为当

地文科中学的高年级授课。虽然受到大家热烈祝贺（尼采妹妹语：所有人都"围绕着如此年轻的神或教授跳起了欢乐和崇敬之舞"），尼采自己却担心这一职业使他成为"庸人"，觉得这份工作对他而言是一种"牺牲"［BAW 5.251］。莱比锡大学哲学系在未经考试的情况下，根据尼采已经出版的论文授予他博士学位。对尼采的任命没有让多伊森感到同样的快乐。尼采在一封没有寄出的信中谴责他那"可笑的农民的骄傲"，"不愿意承认别人比他高"，并且通过一张明信片结束了他们的友谊，但随后又请求原谅。令人沉醉的体验——《名歌手》在德累斯顿的演出。在妹妹的帮助下，在愉快的心情中，尼采完成了芮启尔委托给他的工作，为《莱茵语文学文库》杂志完成了索引。尼采放弃普鲁士国籍，这样在发生战争时就不会被征召入伍，并从此成了无国籍之人，或用瑞士的说法来说，"无家可归之人"。4月中旬离开德国，乘坐火车和船途经科隆、海德堡和卡尔斯鲁厄。在卡尔斯鲁厄，尼采欣赏了《名歌手》，并在旅途中写下就职演讲的草稿:《荷马与古典语文学》。［24］他用一个"信仰自白"来结束这一演讲，同时也是与芮启尔学派说再见：

> philosophia facta est quae philologia fuit ［过去的语文学，现在变成了哲学］。

进入巴塞尔社交界，其陈腐很快让尼采感到厌烦，但他仍然坚持参加晚会。尼采前往卢塞恩湖，瓦格纳与科西玛·冯·比洛（Cosima von Bülow, 1837—1930）和她的孩子以华丽的风格居住在那里。当尼采未经通报，在门前驻足徘徊时，他听见——据他后来回忆说——《齐格弗里德》中"受伤唤醒了我的自我"唱段的和声。与瓦格纳家的紧密联系。

在瓦格纳身边,在无与伦比的瓦格纳身边,在这个时代的天才和伟人身边,无比温暖、舒畅、幸福!每隔两三周我就会在卢塞恩府邸待上几天,将这些在他身边的时光看做我生命的最伟大成就,正如我从叔本华那里得到的收获。

结识"机智的怪人"布克哈特(Jacob Burckhardt,1818—1897),布克哈特当时拥有巴塞尔大学的历史和文化史教席,由于其《意大利文艺复兴时期的文化》而开创了时代;发现"两人在美学悖论方面具有一种惊人的一致"并寻求布克哈特的友谊;布克哈特也很早就失去了父亲,作曲和写诗,热衷于叔本华,最初学习神学,终身未婚,惯于保持距离(但瓦格纳对他来说是可怕的)。善于交际、领导一个井井有条的家庭的巴霍芬(Johann Jakob Bachofen,1815—1887)在非常年轻时获得了罗马法教授的职位,但很快又放弃了这一职位,致力于他那著名的关于古代世界母权制的研究,揭示历史上有据可查的[25]法规的史前起源。布克哈特和巴霍芬都出身于古老的巴塞尔家族,两人都对尼采产生了开创性的影响。在教授比较解剖学和动物学的瑞提墨耶(Ludwig Rütimeyer,1825—1895)那里,尼采认识了达尔文的一个死敌,他对进化的看法完全不同。持续经济困难,母亲要求严格节约。忧郁的性情:"我天生阴郁而忧伤"。瓦格纳劝尼采放弃素食,虽然素食对"他糟糕的胃有益"。他教授的中学生欣赏他;他给大学生讲授的课不是非常系统;他的教学计划越来越倾向于他自己个人的兴趣。为《莱茵语文学文库》编制的索引最终完成。瓦格纳做出一项"极度信任之举",将他的《生平记述》的开头送给尼采,尼采为科西玛采购,特里伯辛为他布置了一间"思想室"。在特里伯辛一起过圣诞节。

1870

演讲《希腊的音乐剧》以及《苏格拉底与悲剧》，引起了特别是尼采的哲学同事斯泰芬森（Steffensen）的"震惊和误解"；尼采私人印行后一篇演讲。对"语文学家角色"（Philologenexistenz）的疑虑。瓦格纳："您可以担负我许多工作，甚至担负我一半的工作。这样您也许会得到您的整个工作。"尼采被任命为正式教授。与母亲和妹妹前往根弗（Genfer）湖旅行，又与洛德一起游览伯尔尼高地。三次聆听巴赫的《马太受难曲》，

> 每次都让人感到无比惊奇。对完全将基督教忘在脑后的人，这部作品听起来就像是福音。

在彼得堡出生的、比尼采年长7岁的商人之子欧维贝克[26]（Franz Overbeck，1837—1905）作为古代教会历史和《新约》教授到巴塞尔任职，搬进尼采租住的房子（Schützengraben 45，现在47号，后来称为"鲍曼洞"[Baumanns-Höhle]），一直到欧维贝克结婚为止，他们住在同一幢房子5年之久。欧维贝克发表就职演说《论对新约作品的纯历史思考的兴起和理由》，不久又发表了强烈批评性的《论今日神学的基督性》，并最终退出教会；他成了尼采最信任和最不可缺少的朋友。尼采打算暂停他的教授工作几年，以帮助实现瓦格纳的新拜罗伊特计划。尼采妹妹来到特里伯辛，她由于与瓦格纳家的不适当的关系而有些拘谨。科西玛说她是"一个淳朴、听话的姑娘"。在德国和法国进行战争期间，尼采完成了论文《狄俄尼索斯世界观》的草稿，该草稿是《悲剧的诞生》的前期文本。与科西

玛的强烈建议相反,由于中立的瑞士不能批准尼采作为战士参战,尼采希望"至少作为护理人员上战场"。在爱尔兰根与画家摩森格尔(Adolf Mosengel)一起接受救护训练。在阿尔萨斯的魏森堡(Weissenburg)投入战场,照顾伤员和垂死者。在此期间瓦格纳与科西玛结婚。上战场一周之后,在向卡尔斯鲁厄运送伤员的两天时间中,尼采感染痢疾和白喉,因此也结束了他的战争之旅。通过短暂的战争冒险,尼采紧密接触到历史。戏剧片段《恩披多克勒》预演了《扎拉图斯特拉如是说》的部分内容。关于希腊音韵的新观念以及有关演讲。"津津有味"地聆听布克哈特《论历史性的伟大》的演讲并出席他的课程"论历史研究",该课程后来以《世界历史沉思录》为题结集出版。[27]尼采将大获胜利的普鲁士看作"对文化来说最危险的力量","我们必须成为真正的哲人,才能在普遍的狂热中保持清醒"——"未来的文化时期需要战士"。希望与朋友一起建立一个"精神自由"的修道院。尼采热情阅读瓦格纳的《贝多芬》手稿,监督瓦格纳的《回忆录》的印制(为"可靠而忠诚的朋友"印15本)。沉重的职务工作,还被选为校长秘书。圣诞节仍然在特里伯辛度过。送给瓦格纳丢勒的版画《骑士,死亡和魔鬼》,送给科西玛《悲剧思想的起源》手稿,瓦格纳为科西玛演奏《齐格弗里德田园牧歌》,尼采收到蒙田的著作和《齐格弗里德》第一幕的钢琴改编曲。

1871

哲学自学者和著名的叔本华分子尼采申请因为泰西米勒(Gustav Teichmüller,1832—1888)离开而空缺的哲学教授职位——狄尔泰(Wilhelm Dilthey,1833—1911)也曾担任这一职位——理由是,他一直以哲学为自己的"真正使命",只是由于偶然,他才没能成为"一个重要和活跃的哲学教师"。"我的天性以最强有力的方式迫使我彻底思考某些统一性,在对问题的长期思考过程中坚持不懈,不受干扰",而目前的工作让他筋疲力尽,无法"做出任何还算出色的工作成就",并从而使他越来越身体不适。同时他建议洛德做他目前的教学职位的继任者。病倒,在妹妹的陪伴下,在旅馆(Luganer Hotel du Parc)里休假和修养6周。在她的笔下,这次逗留是快乐的[28]"嘉年华梦"。在此期间,尼采将语文学"尽情抛在脑后",致力于《悲剧从音乐精神的诞生》(这时还题为《悲剧的起源和目的》)的写作,他希望通过这篇作品使自己获得哲学上的某种证明和合法化。

> 我因此逐渐生活在我的哲学本能中,我开始相信自己;确实,即使我将来仍然还需要成为一个诗人,我现在也是这样看待自己的。我的冥冥之中的认识的罗盘,我完全无需为之操心。

相反,一切都惊人地协调一致。甚至可能获得哲学教授职位在他看来也"只是临时性的"。尼采的谋职未获成功,泰西米勒的弟子倭铿(Rudolf Eucken,1846—1926)获得这一职位,这使尼采——主要是由于洛德的原因——感到沮丧。尼采在对哲学史不太精通的情况下,没有成为哲学教师,而是直接成了哲学家。尼采在《悲剧的诞生》中鼓吹,根据狄俄尼索斯和阿波罗的美学对立加以彻底重新解读的希腊文化,将在德国色彩浓厚的瓦格纳的总体艺术中再生。德国的战争胜利使尼采对德国文化的再生感到困惑,巴黎公社期间杜伊勒里宫(尼采以为还有卢浮宫)被纵火焚烧使尼采震惊("这是我生命中最可怕的一天")。继续康复旅行。特里伯辛的最初疏远;科西玛抱怨尼采举止中的"一种并非完全自然的克制","看上去就像是瓦格纳的压倒性的个性所产生的印象让他感到戒备"。以一种想法自娱:与一位年轻王子踏上教育之旅。与语文学日益增加的距离,包括在教学工作方面。又一次作曲(《一个新年夜的回声》,献给科西玛):

> 当我整整六年里终于有机会以一种狄俄尼索斯的方式自由享受音乐的魅力,多么开心,多么伤感!

[29] 瓦格纳在曼海姆指挥音乐会期间,尼采作为科西玛的陪伴者来到曼海姆。这一次平安夜他留在巴塞尔,也许是因为在那里,他对他自己的作曲所受到的评价感到焦虑,担心作曲私下被嘲笑。

1872

受巴塞尔志愿学术学会委托,作《关于我们目前的教育制度》等五篇演讲,在这些演讲中,尼采以一个精神贵族阶层的产生为目的,主张一种远离国家、不以任何实际效用为定向的新型的"真正德国文化";尼采最终没有完成第六篇和闭幕演讲。谢绝是否愿意转任格赖夫斯瓦尔德大学的询问,但因此获得了更高的薪资。《悲剧从音乐精神的诞生》于 1872 年由瓦格纳的出版者弗里茨(Ernst Fritzsch,1840—1902)出版,扉页上印有从束缚中解放出来的普罗米修斯的形象。作品所颂扬的瓦格纳以及李斯特(Liszt)和冯·比洛(von Bülow)等热情欢呼该书,而尼采作为语文学家的声誉却毁于该书。比他晚四年的普福塔学校校友、后来的古典语文学领袖维拉莫维茨(Ulrich von Wilamowitz‐Möllendorf,1848—1931)在其小册子《未来的语文学！对尼采的"悲剧之诞生"的回答》中宣称,该书给"母校普福塔"带来耻辱,尼采应该放弃他的教席。尼采对此反应说:"战斗,战斗,战斗！我需要战争。"芮启尔对其他人表示意见,认为尼采"浮夸自大"和"宗教狂热",尼采非常敬重的波恩大学语文学教授乌瑟纳尔(Hermann Usener)在其课堂上表示,"这样写作的人在学术上已经死了"。伯奈斯(Jacob Bernays)宣布,尼采利用了他的直觉,即所谓的尼采"这位有教养和聪明的犹太人的神圣的放肆","只是太走过了头"。学生敬而远之,让尼采想到巴塞尔大学而不免头疼。[30]洛德和瓦格纳公开答复站在他这边("我确实生活在一个友爱的太阳系中")。一个法文译本产生。瓦格纳全家迁往拜罗伊特,"特里伯辛世界"一去不返,"令人忧愁的日子"。尼采希望中断大学工作,致力于为瓦格纳宣传,然后"去南方"待两年,而把大学的教职在此期间交给洛德。尼采前往拜罗伊特参加戏院的奠基活动。认识梅森伯格(Malwida von Meysenbug, 1816—1903),她是叔本华主义者和著名"女唯心论者",也是瓦格纳以及另外一些欧洲名士的老熟人、妇女解放和德国民主运动最早的女斗士;正如尼采深受眼睛和头部痛苦折磨一样,她也长期在寻找对健康有益的气候;她成了尼采的密友和带有母性色彩的女性朋友,

> 您看到我就像看到一个儿子一样,这个儿子需要这样一个母亲,非常需要这样一个母亲。

尼采在慕尼黑第一次听《特里斯坦和伊索尔德》。比洛(Hans von Bülow,1830—1894)——科西玛的第一任丈夫——指挥了演出。尼采将他的《曼弗雷德沉思》送给比洛。比洛批评尼采的作品完全是非专业的,"完全是瓦格纳音乐的记忆狂欢"。尼采赞同比洛的

意见而不同意朋友的意见("我没有幻想——至少现在是这样","没有任何良好趣味","我现在只在我的哲学应用所必须的程度上是音乐家"),并回答比洛说,他完全不知道自己的音乐"绝对无价值",至今从来没有人将他从他的"无害的幻想中摇醒"——"您极大帮助了我"。虽然尼采听说李斯特对"平安夜音乐"的评价"非常好"。写作《论荷马的竞赛》,以及《希腊悲剧时代的哲学》。此时成为巴塞尔大学无薪讲师的罗蒙特[31]搬进"鲍曼洞"。伊丽莎白也在巴塞尔停留四个月。作有益康复的独自旅行,但是期间有时疾病发作,先是前往格劳宾登(Graubuenden),接着前往贝加莫(Bergamo),然后突然返回("令人讨厌的柔弱的空气,没有阳光!")。11月底与瓦格纳一家在斯特拉斯堡会面。将未完成的《五篇未写就著作的五篇前言》作为送给科西玛的(迟到的)生日礼物;礼物不受欢迎。此外,尼采这样强调"希腊的竞赛观念":

> 他们害怕一统天下,针对这种危险,他们盼望面对天才的保护措施——第二个天才。(CV 5, KSA 1.788)

1873

决定从事哲学和瓦格纳式文化革命的规划:《非道德意义上的真理和谎言》与《不合时宜的沉思》的写作。在《不合时宜的沉思》的第一卷《大卫·施特劳斯:忏悔者和作家》中,尼采攻击志得意满的德意志"文化庸人",指出他们代表了一种幻想,以为普法战争的胜利同时也是普鲁士文化的胜利。大卫·施特劳斯(David Strauß,1808—1874)由于其《耶稣传:批评性的思考》使福音书成为历史—

批评性的语源学研究的对象,同时将基督按照黑格尔哲学作为"人的观念"而观念化,成为他那个时代众矢之的的神学家,由此结束了他的神学家生涯;最后,到了 1872 年,在《旧信仰和新信仰》中,施特劳斯给予基督教教义以毁灭性打击,同时宣布了对于科学特别是达尔文进化论的新信仰。几年前,施特劳斯公开批评瓦格纳,而瓦格纳则只是认为施特劳斯的著作——尼采曾对此书多有欢迎——"可怕的肤浅";尼采想用他的论战著作为瓦格纳六十大寿献礼。[32] 尼采现在有意制造公开"攻击和争论",并达到了目的。希尔布兰德(Karl Hillebrand,1829—1884)读书时曾参加巴登起义,并长期担任海涅的私人秘书,是后来的巴黎知识界的伟人、教授和外交家,他谢绝所有德国大学的职位,作为自由作家为著名的欧洲杂志《随笔》(Essays)写作。希尔布兰德欣赏尼采的才华,不仅认为《不合时宜的沉思》的第一卷值得评论,而且认为该书接下来的两卷也值得评论,对此尼采在《瞧这个人》中仍然感到骄傲。两人也互相认识和通信,有时间隔一年。希尔布兰德还邀请尼采与一家意大利杂志合作,而尼采像对待所有与杂志社的合作一样,谢绝了。初识保罗·李(Paul Rée,1849—1901)。李是庄园主之子,犹太血统,新教徒,性情和善,待人亲切,天生诙谐、幽默,按照父亲的愿望最初学习法学,后来学习哲学,像尼采一样曾作为一年志愿兵参加德法战争,旋即受伤并从部队退役。李后来学习医学并成为普通医生,最初在他父亲的田产范围内,最后在上因加登(尼采的风景之地)工作。因眼病加剧,尼采几乎不能读和写;格斯道夫照料尼采;尼采的妹妹再次前来照顾尼采几个月。《友谊颂》的创作。弗里茨愿意出版第一卷《不合时宜的沉思》,但不是《非道德意义上的真理和谎言》;这篇后来成为尼采自己的哲学奠基之作的论文一直没有出版。"幽灵"尼尔森(Rosalie Nielsen)、"人老珠黄和看上去疯疯癫癫的[33]

荷尔斯泰恩娘们儿"(欧维贝克)、《悲剧的诞生》和"狄俄尼索斯人格"的一个热烈崇拜者伯努利(Carl Albrecht Bernoulli)纠缠尼采,散布关于弗里茨和瓦格纳的没有根据的谣言;尼采加以严厉斥责。与格斯道夫和罗蒙特一起度假;建立一个修道院教育机构的计划。受瓦格纳委托匆忙炮制《告德意志人民书》,呼吁对拜罗伊特给予经济资助,"鼓舞""德意志民族"之"最高级、最高贵的艺术-文化力量",但却由于瓦格纳协会认为过于尖锐而谢绝采用。凯勒(Gottfried Keller)称尼采"陷入瓦格纳-叔本华狂热而不能自拔",是一个"狂妄自大"的"投机小子";包括施特劳斯在内的一些人则对尼采感到痛恨和愤怒;尼采认识到自己的"放肆",将欧维贝克和他自己看作"孤独的猫头鹰",只是"外表看起来像是残忍的谋杀和劫掠的动物"。再次在瑙姆堡而非拜罗伊特度过圣诞节。在《不合时宜的沉思》第二篇《论历史对于人生的利弊》中,尼采批评他那个时代过度膨胀的历史主义,认为这种历史主义使"个人,民族和文化的塑造性力量"走向衰落和灭亡。他自己的专业也包括在内。尼采还攻击以叔本华同时也是黑格尔的精神撰写和大获成功的《无意识哲学》,作者是25岁的哈特曼(Eduard von Hartmann,1842—1906),一个官员的儿子,并且像尼采一样是哲学自学者。他在超越盲目意志的"世界过程"中看到了逻辑观念,以及逻辑观念对"生命意志之肯定"的胜利。尼采不希望被与哈特曼混为一谈。为了防止混淆,尼采不得不总是开展尖锐的论战。当尼采写作该篇论文的最后部分时,第一章已经付印;这一直是他的创作风格的标志。

1874

[34]尼采不情愿地成为系副主任;与多数参加表决者相反,投

票赞成授予女性博士学位。研读大量自然科学著作,特别是天才物理学家博斯科维奇(Rugier Josip Boscovich,1711—1787)的著作,构想一种时间原子学说(Zeitatomenlehre)。计划作一篇《不合时宜的沉思》,讨论哲学的处境和使命,题为"哲学之困":"外部:自然科学历史","内部:活出某种哲学的勇气不复存在"。最后作为《不合时宜的沉思》第三部分《叔本华作为教育者》完成,转而讨论关于哲人的人生的主题("如人们所说的,人的天性自然使我们可以适应上百种体系,这并没有什么"),"生活就是去冒险",而真正的哲人的危险在于孤独,对于真理的可怕性的怀疑,和对于自己命运的冷漠;他必须"成为事物的尺度、价值单位和重量",并因而保持对于所有机构的独立性;他作为"自我"的"解放者"而成为其他人的"教育者"。尼采在一个多月的时间里感觉自己健康。意识到自己"几乎是懵懂无知地受体液的驱使",但却希望"有朝一日将全部争论和否定性的东西"从自身中清除;他"除了自由不再寻求更多的东西",因为束缚他的"无比众多的不自由事物"而愤怒。瓦格纳抱怨尼采的自我逃避,并催促他结婚;尼采三心二意地为此做了多次尝试,最后放弃。

> 结婚的哲人乃是喜剧,这是我的命题。(《道德的谱系》III 7)

来自罗拉赫(Lörrach)的鲍姆加登(Marie Baumgartner),一个孩子的母亲,将《不合时宜的沉思》第三篇(后来还有第四篇)翻译成法文,对尼采怀有一种几乎抑制不住的爱慕。对尼采来说,她成了"我所认识的最好的母亲"。[35]妹妹再次来到巴塞尔,停留月余。尼采重新规划,将从所有与国家和大学的正式联系中摆脱出来,返回最不以为耻的单数存在,贫困潦倒,但却有尊严。

在万弗雷德弹奏勃拉姆斯,故意引起瓦格纳的愤怒。在弗里茨破产之后的新出版商施迈茨涅(Ernst Schmeitzner, 1851—1895)从尼采身上没赚到什么钱,并从1880年后积极参与反犹骚动,因此尼采再次试图部分在法律程序的帮助下摆脱他。与教授国民经济学的朋友和同事梅亚科斯基(August von Miaskowski)及其太太举办社交性"周二联合会"。圣诞节仍然在瑙姆堡度过,最终审阅他创作的音乐作品。

1875

尼采的朋友罗蒙特没有成为前往耶拿任职的倭铿的继任者,于是转向天主教教士的工作,离开巴塞尔;尼采为之震惊。尼采妹妹在瓦格纳一连几周的巡回演出过程中领导拜罗伊特的瓦格纳家的家务,并因此很快就变得颐指气使。尼采再次陷入病痛折磨,没有明确的诊断,

胃部总是翻江倒海,即使严格到可笑程度的食谱也不管用,连续许多天最强烈的头痛,频繁地一小时一小时呕吐,但我却没有吃任何东西。总之,这架机器似乎就要散架了,而我不会否认,有一次我确实希望它散架算了。

持续避免社交,"热爱独自居住和独自漫步"。但需要妹妹的照料,因此让欧维贝克感到遗憾,搬至一处带有六个房间的房子,而妹妹

为他打理家务,"还雇了一位很好的姑娘做家务"。为"自己的城堡"感到高兴,"从这里人们可以向外瞭望,也不再让人感到自己如此被生活忽视"。为了布置新居不得不向格斯道夫借钱。[36]在南黑森林斯泰恩巴德(Steinabad)做有益健康的夏季疗养;主治医生推测尼采"胃部过度扩张"。严格的饮食规定,早餐前游泳和做两小时步行,午后或晚上继续散步。钻研国民经济学,

> 我们还有一段长长的路要走,我们必须不断攀登,缓慢但却从不停下来,这样我们的古老文化才能最后一览无遗地出现在我们眼前;在科学上,特别是在科学的根本严格性上,我们必须做出更多艰苦的努力

丢掉作家作风("对发表的厌恶")。由于生病得以不去参加《尼伯龙根的指环》在拜罗伊特的预演,而把时间用来准备长期搁置的《不合时宜的沉思》第四篇《瓦格纳在拜罗伊特》。致洛德:

> [它]对我只有一个意义,那就是,越过我们迄今经历的最困难的难点,做出新的定向。我自己没有充分做到新的定向,对此我并不在意并且会承认这一点——更不用说我可以帮助别人完成定向了!

关于叔本华、瓦格纳以及语文学的重新定向。越来越清楚地认识到他的"人生使命","但却没有足够的勇气,对无论谁说出来"。对"亲爱的朋友们"一直做出"幸运儿"的形象,仿佛"痛苦的最严厉的折磨永远与他无关"。对当地中学的课程感到满意;开始一个"七年的讲座课循环",认为自己的生活现状步入了正轨。读李的《心

理学观察》(1875),并写信给他,李感到非常高兴。萨克森安纳伯格的音乐家和作曲家科泽利特(Heinrich Koeselitz,1854—1918),一个企业家的儿子,进入巴塞尔学习,为尼采誊清《瓦格纳在拜罗伊特》,促使尼采将之付梓,并最后制作了大部分印刷手稿,[37]阅读校样,以及甚至做出更正——尼采授予他全权这样做("您可以不受限制地做出更改!")。尼采显然对科泽利特作为音乐家评价很高,实际上是过高,将他称为"音乐大师"加斯特(Peter Gast),试图对他做出某种报偿——科泽利特花费了大量的时间和精力(有时私下抱怨和反抗)为尼采无偿工作,使尼采感到需要做出回报——通过他与有影响的指挥家的交往帮助科泽利特登台表演。在有些情况下他的努力获得了成功。其中一个不断地增强另一个的作品的地位。但尼采却仍然是"您"——尼采虽然对科泽利特极为信任,但科泽利特始终称尼采为"教授先生"。后来——科泽利特一直生活在尼采的影响下——科泽利特有时为尼采妹妹的尼采档案馆工作,作为尼采著作的共同编者,并对她的任意处置和歪曲负有共同责任。尼采在巴塞尔度过圣诞节。病倒,预料一种"严重的大脑疾病",以及会像他父亲一样突然死亡。

1876

申请解除在当地中学的任课。大学讲座课也由于健康原因而不得不中断。母亲为之惊慌,前往巴塞尔。与格斯道夫在根弗湖疗养,每天散步五到六个小时。参观费内的伏尔泰故居。无论是在根弗,还是在维也纳,或者其他地方,总是有新的崇拜者。在玛尔维达的建议下,一年的时间里,与她以及才华横溢的、患有一种无法治愈的肺病的学生布莱讷(Albert Brenner,1856—1878)在阿德里亚海滨度过,申请休假并被批准。[38]让尼采长期煎熬的《不合时宜的沉思》第四篇《瓦格纳在拜罗伊特》由施迈茨涅出版,在拜罗伊特引起了友好的甚至热烈的反响;瓦格纳将这篇作品送给他的恩主巴伐利亚的路德维希二世国王。被热烈地作为"战斗日"的"清晨的祝福"而写下的这篇作品,描绘了瓦格纳在"权力"和"爱"的紧张中复兴文化的规划,这一瓦格纳在《尼伯龙根的指环》中用浮旦和布伦希尔德形象地表达的规划。为此大段利用了瓦格纳自己的文字,但却也从内在于所有思考中的"反对立场"讲话:关于瓦格纳的"神经质的仇恨",他对"几乎病态的高度紧张情绪的热爱",他的"业余化"、"演员天赋"和"极度贪图权力"。戏剧节开幕,包括第三次巡演和彩排在内预计需要四周时间。首先是尼采的妹妹,然后是尼采自己,最后还有尼采的朋友来到戏剧节。人们庆祝戏剧节,将戏剧节视为有世界历史意义的事件。参加者中有众多达官贵人,甚至皇帝本人也大驾光临。在举办艺术节的忙乱中,以及在寻求经济支持的战斗中,瓦格纳几乎没有留心其他,他对尼采只有大声的赞扬。大部分瓦格纳追随者让尼采感到厌恶,技术上有缺陷的演出让尼采失望,听来刺耳的音乐让尼采痛苦。尼采于是整天逃避在乡村里,写下了《人性,太人性》的最初提纲,当时还题为"犁铧"。在巴塞尔,由于尼采此前的意大利之旅,退掉了合租的住宅,重新回到"鲍曼洞",住在欧维贝克的房间,因为欧维贝克已经结婚搬出。10月先是与李住在罗讷河边的贝克斯。(尼采:"与无可比拟的李一起",李:"可以说是我们友谊的蜜月"。)随后在尼采的大病中,从日内瓦出发乘船前往那不勒斯,在那里他们碰到了玛尔维达和布莱讷,然后继续前往索伦托。[39]瓦格纳家有一段时间也住在那里。与瓦格纳一家在"殖民地"的重逢。他们之间关于"以色列人"李的冲突。科西玛在日记中几乎不再提到尼采。玛尔维达与她的——按照瓦格纳的说法——"毛头小伙子"一起寄宿在一个德国女店主开设的简朴公寓鲁比纳奇别墅(Villa Rubinacci),事实上直到1877年5月初为止,创造了一个"自由精神的修道院",按照严格的时间表学习、写作、互相朗读和散步;李和尼采在海里游泳;在风景如画的那不勒斯湾远足(玛尔维达:"尼采也忘了他的病痛,美景让人心醉神迷。")朗读者,特别是李,是他的完好的双眼。人们还讨论布克哈特关于希腊文化、希腊史家、西班牙诗人、法国道德家和《新约》的讲座课的笔记。李完成《道德感觉的起源》。尼采为一本名为《自由精神》的书做笔记。在反复发作的病情好转时,最后发展成《人性,太人性》。玛尔维达受到尼采高度评价的三卷本《一个理想主义女士的回忆》于1875—1876年问世,此时她正在创作长篇小说《费德尔》(Phädra)。叔本华、利奥波第和荷尔德林的崇拜者布莱讷在写作短篇小说。也有许多玩笑;尼采有时在钢琴上即兴创作;在散步过程中他会构思他的格言。有好有坏的日子:

但愿跟所有工作告别!还有所有口授,所有争论!

一则未经证实的报道,说尼采"每隔一段时间"去拜访一位索伦托的年轻女士。

1877

[40]"教育者学校"(Schule der Erzieher)计划。尼采的结婚计划。当地医生也建议他结婚。远在瑙姆堡的母亲特别是妹妹也总是不厌其烦地这样建议。李和布莱讷4月离开,尼采也在5月离开。他的健康状况没有好转,而没有李的旅居日子空虚无聊。继续

在拉加茨（Ragaz）温泉疗养，而由于效果不好，转而在伯尔尼高地的罗森劳伊巴德（Rosenlauibad）疗养，两次都是尼采独自一个人。尼采这时认为，瓦格纳那"破坏神经的音乐"以及叔本华的"形而上学哲学"乃是他患病的原因。随着与这二位的"分手"，尼采与老朋友洛德和格斯道夫也变得疏远；在短暂的接近之后，他最终与他们决裂。6月，尼采与妹妹休假。在巴塞尔，尼采搬进新居，与科泽利特这位"不可缺少的书记朋友"合租。1878年年中，妹妹再次管理家务。与科泽利特一起修订和整理为《人性，太人性》汇聚的格言。与钢琴演奏家和获得博士学位的音乐作家福克斯（Carl Fuchs, 1838—1922）通信。尼采在1872年通过弗里茨认识福克斯。1876年在拜罗伊特，由于福克斯特别是在音乐美学上的咄咄逼人，尼采曾严厉谴责他。由于尼采的长期请求，福克斯最终在格但斯克演出了彼得·加斯特的歌剧《威尼斯的狮子》，但这已经是1890年以后了。性情激烈的波兰人里皮讷（Siegfried Lipiner, 1856—1911）按照尼采的精神创作了诗剧《解放了的普罗米修斯》（来源于《悲剧的诞生》的扉页插图），给尼采和他的朋友们留下了深刻印象。他也是维也纳尼采崇拜者圈子的成员，强烈希望认识尼采，尼采询问他是否是犹太人，并补充说：

> 我最近获得了一些经验，使我对犹太出身的年轻人确实抱有非常大的期望。

当里皮讷试图"遥控我的生活"时，[41]尼采疏远了他。他曾经与尼采在索伦托拜访过的赛德利兹（Reinhard von Seydlitz）一起暗中策划，试图将尼采交到著名的维也纳神经科医生的手中。《人性，太人性》随后让里皮讷吃惊，回避尼采，并因此在拜罗伊特受到科西玛一段时间的接待。法兰克福的艾泽(Otto Eiser)医生和同事就尼采病情做广泛的医学探讨。艾泽在当地建立了一个瓦格纳学会,崇敬尼采。他在罗森劳伊巴德找到尼采,愿意为尼采提供帮助,并赢得了尼采的信任;他认为尼采的头痛是由于他的眼病,因此长年禁止尼采阅读和写作;他采用的新兴电疗法没有奏效;针对瓦格纳的询问,他也对瓦格纳谈了他关于尼采的疾病的意见;而瓦格纳告诉艾泽,他推测尼采的病最初的起因也许是手淫;尼采就此曾经对艾泽加以否认。当尼采后来得知瓦格纳的暗示,他认为瓦格纳所谓"非自然的放荡"暗指"鸡奸"时,感到异常愤怒;瓦格纳乃是"仇恨支配下的极端背信弃义的样本"。1877年底,尼采经过慎重考虑重拾教鞭,但只限于大学的课程。李送给尼采一本《道德感觉的起源》,上面带有献词:"该文之母向该文之父致最诚挚的感谢。"

1878

尼采震惊地收到瓦格纳的诗《帕济法尔》,认为瓦格纳像个戏子一样在基督教的十字架前屈膝。在巴登巴登接受一个月的没有效果的水疗;妹妹和科泽利特在最后一周也赶到了。《人性,太人性:一本献给自由精神的书》在1878年5月30日伏尔泰逝世100周年纪念日问世,作为格言书包含各种新主题,[42]特别是包含对于形而上学的一种深入批判,以及对于"道德情感史"的贡献。布克哈特称这本书为"主权之书"(das souveräne Buch)。李对这本书感到惊奇;老朋友们对这本书感到愤怒;科西玛几乎根本没有读这本书,就看到"以色列人""恶""在李博士的形象下"在书中起作用;艾泽医生看到"大脑毁坏的开始"。瓦格纳在《拜罗伊特杂志》上发表了一篇针对尼采的恶意的文章,但他却继续设法打听尼采的健康状况,尼采从此直到生命的最后一直处于与瓦格纳的争执之中。决裂是明显的,尼采对李表示,他现在敢于"自己成为一个哲学家;过去我崇敬哲学家"。尼采现在希望独立,

  现在我摆脱我身上一切不属于我的,作为朋友和敌人的人,习惯,舒适,书籍;我将年复一年地生活在孤寂之中,直到有一天我作为生命哲人(以及很可能必须)成熟和自如地与人们交往。

妹妹回到瑙姆堡。尼采在海拔2000米以上的伯尔尼高地度过四周,写作《杂乱无章的观点和箴言》;然后在瑙姆堡度过三周。在巴塞尔,尼采搬进城外一间带家具的小房间,过上"一位老者和隐居者"的生活:"完全与世隔绝,包括与朋友隔绝。"然而仍然"勇敢"而"骄傲",关于与瓦格纳的关系,感觉自己是"完全自由的"——"我有我自己的职务和我自己的生活目标"。冬季学期,为超出他力所能及数量的公众作连续讲座课("我还是一直坚持下来了")。朋友们认为尼采一如既往地和善和亲切。

1879

"由于疼痛和衰竭而半死。"完成《杂乱无章的观点和箴言》;鲍姆加登制作印刷手稿,[43]科泽利特(他在此期间搬到了威尼斯)则阅读校样;尼采催促出版商加快进度。在巴塞尔的生活和教学工作对尼采来说完全成了"折磨"。"我的灵魂比最好的灵魂更能忍耐",而"孑然一身是我的治疗方法中最好的方法"。制定详细的在威尼斯生活的计划("'是否我可以旅行?'这个问题对我来说经常

是:是否我将在这里仍然住下去?")。在根弗的没有效果的治疗逗留,病情进一步加重("我不再相信任何康复")。尼采公布了夏季学期的讲座课,然而他却无法上课。请求辞去大学的工作并得到了理解和感谢:他从不同的保险金账户得到了一笔退休津贴,在最初的六年里有他迄今工资的三分之二。此外,还有来自瑙姆堡的少量遗产和定期寄来的包裹,这对尼采的禁欲式生活来说足够了。请求妹妹将他租的房子彻底退掉;她不仅保留了她哥哥所写下的一切,而且还保留了尼采希望烧掉的笔记本;尼采的大部分藏书被保存在欧维贝克岳母的别墅里,另外一些被卖掉,少数图书被装入两个他总是随身携带的两个箱子里。尼采的漫游生涯开始了("昨天的教授,今天的四处流亡者",迷途的逃亡者)。寻找他可以忍受和生活的地点,来到上恩加丁地区(这也是他第一次来到这里)圣莫里兹附近("我仿佛到达了应许之地","我将长留此地")。"漫游者及其影子"形成;尼采在这里描写了"自然的双重性",这种双重性使他在自然中重新发现了自己:

高原上妩媚、肃穆的山丘、湖泊和森林,无畏地依靠着千年冰封、震撼人心的雪山,意大利和芬兰在这里连成了一体,这里仿佛是大自然中所有银光闪闪的色调的故乡。[44](《人性,太人性》,"漫游者及其影子"338)

自1881年后,除了1882年,尼采每年夏天都返回到这里。新的定向,包括迁入瑙姆堡的回廊旧塔和种植蔬菜的计划("一种绝对不是不值得的未来的'真正的工作'的'方式'"),"这种工作消耗时间和体力,但却不会让头脑紧张"。健康状况再次没有好转。预计"突然痉挛而死",意识到他的"毕生工作"已经做完。在瑙姆堡度过的糟糕的冬天,作为治疗方法"远离持续的内心活动,尽最大可能安静,自我康复,这种安静我已经多年没有过了"。首先放弃李来看他的建议。1879年底《漫游者及其影子》作为《人性,太人性》第二卷第二部分出版:

> 包括两篇附录在内的整个"人性"来自我最尖锐和最持久痛苦的时期——所以事物在我们面前呈现得更健康。这是我的胜利。

1880

一月份李来到瑙姆堡看望尼采,盘桓多日。二月中旬尼采经过博尔扎诺前往加尔达湖,在博尔扎诺尼采的疾病曾严重发作;在那里他与李私下资助的科泽利特相逢;科泽利特演奏瓦格纳的《诸神的黄昏》中的片段,尼采对之大加贬低。最终来到威尼斯,从尼采的住处可以眺望海洋和圣米迦勒公墓岛(San Michele),尼采为自己找到了正确的饮食,也包括精神上的正确的饮食,

> 对此医生们完全无能为力,只有自己的理智可以帮忙,我的理智已经给我很多很多帮助。

漫无目的和不知疲倦地在狭窄巷道的阴影里穿行,而圣马可广场成了他"美妙无比的书房"(《道德的谱系》III 8)。对同样也希望进行他自己的创作工作的科泽利特口授"威尼斯的阴影",即后来的《朝霞》的雏形。[45]6月和8月尼采经过卡尔顿(Karnten)前往马里

昂巴德，

> 毫无疑问，自从歌德以来此地从来没有得到这么多的思考；即使歌德也不愿意自己所拥有的如此重要的事物从自己的头脑中溜走——我战胜了我自己

9月重新回到瑙姆堡，10月初没有明确目的地来到马焦雷湖（Lago Maggiore），在这里尼采再次陷入最糟糕的状况。尽管他本来想前往那不勒斯湾的卡斯特拉马雷（Castellamare），但最终却在热那亚停了下来：

> 这里既有熙熙攘攘的人群，也有一个人的安静，高高的山间小路，以及美得超出想象的墓地。

在长期寻找一个合适的住所之后，过上了没有壁炉（冬季将很难过）的"陌生的阁楼生活"。尼采尽可能地不再住在旅馆里，而是住在便宜的公寓或单人房间里，并且不吃旅馆的伙食，而是一个人自己吃饭。几乎只给母亲和妹妹、科泽利特和欧维贝克夫妇写信。这些信件现在成了最重要的传记性证据。他的工作需要完全的独处：

> 我热爱独立，为了独立我牺牲了一切——大概是因为我拥有最为牵扯的心灵，一点束缚给我带来的痛苦比镣铐给别人带来的痛苦还要大。

重新可以更自如地思考，阅读和书写（"我现在就像整个世纪不存在一样活着，并且因追随我的思想进程而忘了日期和报纸"）。

1881

> 在阳光灿烂的日子,我总是走到一块伸向海中的孤寂的岩石上,像一只蜥蜴一样静静地躺在我的阳伞下;这多少次使我的头脑清明!海洋,纯净的天空!

在热那亚,人们称尼采"小圣徒"(il piccolo santo),妹妹也这样叫他。写完《朝霞》一书。从 4 月底开始,接受科泽利特的建议,与他一起在威尼斯的雷克阿罗(Recoaro)度过;[46]两人一起校对清样;音乐很多,很少在林荫中散步。5 月底,为了让两人休息,科泽利特离开威尼斯旅行。尼采继续努力寻找一种让他可以承受生活的饮食,过着一种并非出于理想的禁欲的生活。6 月,尼采重新回到因加丁。从让尼采感觉一切都不顺利的圣莫里兹出发,一个"真诚和亲切的瑞士人"将尼采带到希尔斯玛利亚,住进一所简朴的房子里。房间与森林相连,非常昏暗,屋后就是一条登山小道。房子现在被称为"尼采屋"。"我贫穷生活的全部五十种需要似乎在这里都得到了满足。"《朝霞:关于道德偏见的思考》问世,几乎没有反响。不知疲倦的"散步生活",一天七八个小时长途步行,在行进过程中尼采将他的想法写在笔记本上;因此选择好走的小路,并尽可能在树林的浓荫下行走。然而病情继续加重:"我有比我的健康更重要的事,并因此做好了准备接受考验。"他现在继续自己做自己的医生,建立自己的个人小药房,计算"空气电力的可怕影响"。在斯宾诺莎身上发现了"一个先驱。这是什么样的一个先驱!"(1881 年 7 月 31 日寄给欧维贝克的明信片)。两周之后,在离苏尔莱不远的一块巨大金字塔一样高耸的岩石的背后,一座完全类似的巨大金字塔山

峰出现在尼采的头脑中,这就是同一物永恒复返的思想:

在我的地平线上升起了我从来没有见过的观念——我不会透露这一观念,而是将它保留在不可动摇的宁静中。(1881年8月14日给科泽利特的信)

早在1881年8月26日之前,尼采就写下了《扎拉图斯特拉如是说》的第一行文字。现在每一个人,甚至包括李,"如果中断我的因加丁之夏的工作,也就是我的使命的进展,[47]我的'唯一要事'",都会"被看作我的敌人"(1881年8月18日给妹妹的信)。遭受新的痛苦的折磨("身体之咒"),在一张用拉丁文写的明信片里对欧维贝克发出绝望的叫喊(Sum in punto desperationis)。9月底的返回热那亚之旅,"只有通过能量的痉挛才成为可能"。寻找住处的艰难过程,最后解决。第一次聆听比才的《卡门》,越来越因为这部作品"作为瓦格纳的讽刺和反面"而对其感兴趣。

1882

美好的热那亚的一月,此后尼采重写创作中的《快乐的科学》第四卷("圣雅努斯")。2月初在热那亚,李的"令人振奋的"看望让尼采首先付出了严重发病的代价。然后是开心的日子:朋友们郊游,一起在海里游泳。李带来了尼采妹妹为尼采购买的丹麦马林-汉森打字机,最早的成批生产的打字机。这架打字机使尼采可以保护自己的视力和独立完成手稿;机器在路上受到损坏,使用时有时会卡住,对尼采来说并不适用。尼采希望为过度工作和生病了的科泽利特提供经济资助,但被谢绝;加紧为科泽利特音乐作品的上演而努力。李在三月中旬前往罗马会见玛尔维达,在她那里认识了露·莎乐美(Lou von Salomé,1861—1937)。露是一个在俄国服务的德国将军的女儿,她在母亲的陪同下在苏黎世攻读神学和艺术史,患病后来到意大利疗养。在李的笔下,露是"一个活泼的、不可思议的聪明的人,具有少女甚至儿童式的性格",尼采一定要"好好认识她"。然而尼采在三月底乘坐一艘货船出发前往墨西拿,打算在那里度过夏天;[48]瓦格纳一家自从1881年11月以后恰好也在西西里旅居,最后同样在墨西拿逗留。尼采在此停留三周,没有与瓦格纳家相遇,对自己在这里的逗留保持沉默,仅仅写道:"我的新乡亲们以最亲切的方式腐蚀我和败坏我。"《墨西拿牧歌》由施迈茨涅在(在尼采之前所谢绝的反犹主义的)《国际月刊》上发表,随后被整合进《自由鸟王子之歌》,附在尼采后来增补的《快乐的科学》第五卷的后面,包括《夜的秘密》。重新充满自信地追求友谊,前往罗马,在彼得大教堂与露见面。出人意料地活跃。主动计划与露和李"三位一体",到维也纳或巴黎学习。首先在露的母亲的伴随下前往奥尔塔(Orta),尼采和露在那里登上了圣山(Monte Sacro,其他人只能长时间等待他们),然后前往特里伯辛,在那里尼采回想昔日的牧歌(不禁流泪)。露的母亲不再伴随,三人来到卢塞恩(Luzern),并在这里拍下了尼采亲自安排的那张合影(李和尼采站在马车上,而露手里拿着带有丁香装饰的鞭子)。两个朋友都向露提出了婚姻请求(尼采两次提出,第一次是通过李)。尼采五月中旬到六月中旬在瑙姆堡度过,在这里他与妹妹和一个抄写员校订《快乐的科学》的清样,该书在八月中旬出版。没有来自露的消息。让欧维贝克太太和露讨论此事,并给露写了一封热情洋溢的信("金色的可能性出现在我未来所有生命的地平线上"——作为"通向科学创造之路上的教师和指导者")。从六月底开始在耶拿附近的陶腾堡

(Tautenburg)度暑假。尼采妹妹为夏季休假做准备,尼采为了露预先提醒妹妹:她应该成为陪伴。两位无法彼此喜欢的小姐,在尼采没有介绍他们互相认识之前,一起出席《帕济法尔》在拜罗伊特的首演,[49]很快就激烈地争论起来,最后来到陶腾堡,一起住在牧师家里。尼采和露一起散步,尼采从来没有经历过的热烈的哲学讨论,所有其他人被丢在脑后。认为自己的《友谊颂》不如露的《生命的祈祷》,请求科泽利特"远离我们的恋爱关系的想法。我们是朋友"。妹妹施展手段,母亲称尼采让"家庭蒙羞",以及是"我的祖先的墓地的耻辱",玛尔维达也加以回避,尼采处于动摇中。在莱比锡对露贬低李,露和李离开莱比锡,目的是首先在斯蒂比(Stibbe),然后在柏林与李作为朋友住在一起;后来露与东方学家安德里亚(Andrias)结婚,此外还与里尔克和弗洛伊德等建立了密切关系,并在1915年开设了一个成功的心理分析诊所。尼采极其失望,几乎失去了他的高贵的自制,对朋友进行道德谴责——在他的未寄出的信件草稿里。最终与露和李决裂,就像与母亲和妹妹及其"瑙姆堡'美德'"决裂。重新陷入自杀的边缘,吸食鸦片,以便忘记自我。在巴塞尔拜访欧维贝克夫妇,对他们敞开心扉,旅行经过热那亚,在那里将他的最后的住所转租出去,然后继续前往拉帕洛(Rapallo)。现在他彻底是一个人了。

1883

在一段时间的严重失眠之后,一月底在十天内写下《扎拉图斯特拉如是说——一本为每一个人而又不为任何人写的书》(第一部,"前言"和"扎拉图斯特拉的演说")。在还没有最后想好的情况下,他称这本书为诸如"奇异的'道德布道'",或

> 仿佛我的存在的最尖锐的画像,一旦我扔掉我的所有重负,[50]我就是这个样子

或他的"遗嘱","第五福音书","我最超然的作品",他的"最后的蠢行,这种蠢行使他甚至仍然被看作'文人'和'作家'"一类,他的"儿子",他的"最深的真诚"和他的"整个哲学","长期被预言的敌基督","力的爆炸","一个前言,前厅","我的修身和励志之书"。生活在"身处认识最高巅峰的令人惊悚的责任感中"。亲自完成校样,催促印刷,印刷的延迟让尼采大为光火。首先是由于"五十万本基督教赞美诗集",然后是由于施迈茨涅的反犹主义活动。第一部出版(没有提示这只是第一部),第二部1883年8月底已经在排版,此时尼采已开始构思第三部。二月十三日,正当尼采结束第一部的时候,瓦格纳在威尼斯逝世。尼采因此处于"慢性伤寒"中。二月底到五月初又在热那亚度过,

> 静谧而最阴沉的忧郁。我的生命是彻底的失败,我在每一个瞬间都感觉到这一点——同样还感觉到这是必然的命运,是我独特的"存在形式"。

随后直到六月中旬在罗马度过,尝试与妹妹达成和解。妹妹因为反对露和李而再次情绪爆发,尼采与她再次决裂(他甚至想到了"手枪决斗"),以及随后再次并非完全真诚的和解("我不适合敌对和仇恨",她"无法消化我的整个哲学和思想方式")。报复感和仇恨感使他谴责自己,怀疑自己,甚至到了害怕"发疯"的程度,为此他自己避免公开的讨论。他所热爱的妹妹成为他的道德批判和伦理学的最严格的亲身考验。[51]从六月底开始重返希尔斯玛利亚,九

月在瑙姆堡度过。母亲和妹妹反复劝说,认为他应该重返大学校园,与"正派人"交往。在莱比锡大学作关于希腊文化的讲座的实质性计划,"我身上有很强的教师冲动"。但是,当想到"他的上帝观念以及特别是他的基督教观念"时,尼采放弃了:"感到绝望,——我希望通过最强烈的日常工作来分散精力,而不是最后又被扔回到我的根本使命上去"——同时感到胜利:

> 我是基督教的最可怕的对手,我发现了一种攻击基督教的方式,甚至伏尔泰都没想到可以这样攻击基督教呢。

时年37岁的妹妹与中学教师和活跃的反犹主义者福斯特博士(Bernhard Förster,1843—1889)订婚。福斯特在演讲中还赞扬地谈到了她的哥哥,在他的观念中他们彼此感觉像"一家人"一样。1885年伊丽莎白与他结婚,并在1886年跟随他前往他在巴拉圭的"雅利安"殖民地"新日耳曼"。该殖民地最后破产,福斯特自杀。他们是如此用反犹主义的口号和对于他的性格的"最有害的怀疑""折磨"尼采,以至于尼采最终希望与他们决裂,然而最后仍然没有成功;希望这个"充满仇恨的、反犹主义的蠢女人"远走巴拉圭;尼采妹妹后来按照自己的意志大量篡改尼采的信件。十月初"一路向下"。经过热那亚、斯佩奇亚(Spezia)和维拉弗兰卡(Villafranca),前往尼斯。夏季总是在希尔斯玛利亚度过,冬季在尼斯度过,其余时间则在各个不同地点度过。此时仅仅与仍然继续为他工作的科泽利特以及与他总是去拜访的欧维贝克夫妇保持紧密的个人关系。但也总是返回瑙姆堡。健康状况:直到1888年持续病重,偶尔片刻的光明闪现。

1884

[52]一月中旬完成《扎拉图斯特拉如是说》第三部,第二部出版。

> 全部都是在一年之内完成的。更准确地说,甚至是在三个两周里完成的。——最后一个两周是我生命中不可逾越的幸福时光:我从来没有像这个时候这样,在这样的海洋上乘风破浪,扬帆远航。

尼采的新计划是"对于今天所有类型的德意志蒙昧主义发动一场伟大的正面进攻"。在科泽利特笔下,从《扎拉图斯特拉如是说》开始,时间必须"重新计算",尼采未来将作为"宗教创始人"而被崇敬。尼采继续加以发挥:

> 我将推动人们做出影响整个人类未来的决定,而在未来的千万年里,人们用我的名字作为他们最高的誓词,这是可能的。

四月中旬经热那亚前往威尼斯,经巴塞尔(在巴塞尔他"用神秘窃窃私语的声音"向欧维贝克透露永恒复返的"秘密学说",这后来被看作他的精神疾病的表征),然后重新来到希尔斯玛利亚。八月底斯泰恩(Heinrich Freiherr von Stein,1857—1887)来拜访;关于此人,李曾在1876年向尼采预先宣布:一个"19岁的小青年,有火一样的灵魂,高贵的仪表,明亮的眼睛,以及对于一切伟大事物的深刻感受性",一句话,一个"非凡人物"。斯泰恩以《论知觉》一文获得博士学位,以作品《布鲁诺哲学中诗性因素的重要意义》获得教职资格,通过玛尔维达的介绍曾担任齐格弗里德·瓦格纳的家庭教师,1883年出版《瓦格纳词典》以及一本瓦格纳作序的论文集《英雄与世界》,此时主要由于狄尔泰的努力而得以在柏林任教;尼采仍然对他抱有很大期望:

> 根本上,一个新人,与我同属一类,本能地对我怀有敬畏。

但是斯泰恩却回避尼采;[53]尼采对于他在 1887 年的过早的死亡表示强烈哀悼("我真的爱他;在我看来,他就像是年轻时代的我")。比与男崇拜者更多地与女崇拜者的相识。凯勒(Gottfried Keller)这样猜想尼采对他的拜访,"这家伙疯了"。再一次与妹妹在苏黎世度过一个月。黑噶(Friedrich Hegar)和他的乐团在一次排演中为尼采演奏科泽利特的《威尼斯的狮子》的序曲;科泽利特来到苏黎世,目的是希望亲自指挥演奏。整体上说美好的几周。尼采重新服用安眠药,按照他有时自己给自己开的药方(尼采大夫)。经过芒通(Mentone)返回尼斯。

1885

从尼斯出发,一路经威尼斯、希尔斯玛利亚、莱比锡、瑙姆堡、慕尼黑、佛罗伦萨和热那亚,最后回到尼斯。二月中旬《扎拉图斯特拉如是说》第二部——最初设想的题目是《扎拉图斯特拉的诱惑》——完成;因为尼采想摆脱施迈茨涅,施迈茨涅为尼采的书几乎没有做什么,相反却欠他许多钱;由于没有找到其他出版者,在格斯道夫的经济资助下,在莱比锡由瑙曼(C. G. Naumann)私人印刷本(最初计划印20本)出版;只有几本在请求严格保密的情况下送出;即使这几本在1888年底同样也被尽量收回;直到1892年,用来出售的版本才第一次问世。巴塞尔大学给尼采的退休金被批准继续发放三年,虽然数额减少了三分之一。在妹妹结婚之际,为了"引导"他们今后的关系,尼采以"一种生平算总账方式"在5月20日给他妹妹写信说,他"从小到大从未发现有人像我一样这样需要心灵和良知",总是不得不"尽可能地表现自己,经常是带着非常糟糕的心情,在这个或那个今天人们所认可和[54]被认为可理解的人群中间",并且只能接受这种处境,只要他"不再能够忍受绝对的孤独"。因此,他从来不能够"告诉"人们,他的话具有"另一种色彩":

> 到现在我所写下的一切,都是前景;对我来说真实事物只是始于破折号。我现在正在处理的是最危险的东西;我在这中间会以通俗的方式,一会儿向德国人推荐叔本华或瓦格纳,一会儿又沉思扎拉图斯特拉,这是我的休养方式,特别也是我的隐藏的所在,在这个所在的后面我可以重新坐上一会。

考虑是否与此时孤独一人的母亲在威尼斯生活。整体上令人满意,"健康决定性地改善了","一种宁静的状态"。

1886

与1885年差不多的旅行路线,但这次在希尔斯玛利亚与尼斯之间、热那亚南的鲁塔利古里亚(Ruta Ligure)住了四周。寻找新的出版者仍然不容易。《善恶的彼岸——未来哲学的序曲》,

一本令人惊恐的书,这本书是从我的灵魂里流出来的——几乎像墨斗鱼一样黑。

尼采再次为其支付费用,由瑙曼出版;送出 66 本样书,卖出的很少,但书评更多一些;让尼采高兴的一篇书评:韦德曼斯女士(J. V. Widmanns)在伯尔尼的《联邦》(Bund)上的书评为他的思想作为"炸药"提供了关键词。丹纳(Hippolyte Taine ,1828—1893),有影响的法国评论家和美术教授,作为实证主义者,认为社会和精神现象在种族、环境和社会形势中有其根源,批评意识形态迷信的法国大革命,并将拿破仑一世描绘成超越芸芸众生之上的伟大个人和现代欧洲的奠基者,被尼采引为同道;[55]他后来请丹纳针对洛德的贬低评价为他辩护,而他因此与洛德完全决裂。尼采过去的出版者弗里茨买回尼采著作库存;尼采为《悲剧的诞生》《人性,太人性》《朝霞》以及《快乐的科学》写作新的序言(并非所有的作品都在手边),试图由此为他自己的思想建立最初的谱系;不再为尼采提供免费样书的新版著作销路不畅。"一本四卷本主要著作"的计划,"题目本身就令人生畏:'权力意志:重估所有价值的尝试'"。不断推出这类新计划;计划中的主要著作没有完成。1886 年底《扎拉图斯特拉如是说》前三部合订为一卷由弗里茨出版。

1887

略有不同的旅行路线:在尼扎和希尔斯玛利亚之间,马焦雷湖,库尔(Chur)和伦策海德(Lenzer Heide)。尼采记得"一个下午,在这个下午我恢复了健康。毫无疑问,7 年以来的每个冬天,我都一头扎到健康所居住的地方";但是,疾病有时重新发作。在蒙特卡罗,尼采第一次听了《帕西法尔》的预演,"从纯粹美学上说"是瓦格纳所创作的最好的东西,是"爱的忧伤的一瞥"。不是别的杂志,而是《反犹太通信》恰好经常引用《扎拉图斯特拉如是说》,尼采为之恼怒。对与科泽利特的合作的新请求:

> 亲爱的朋友,请不要生气,这次没有你根本不行。我在去年10月份实际上尽可能快速地为上述《科学》草就第五卷补充(以便赋予一种与《朝霞》相等的规模,即从图书装订的角度看相等的规模——),并且现在自己有一点[56]好奇,我当时到底写了些什么。我现在已经完全不记得了。

由于可能引起的与出版者之间的困难,所以尼采宁愿不发表手上的《快乐的科学》第五卷,而最后将其吸收到《善恶的彼岸》第二版中;包含全部五卷和《自由鸟王子之歌》的新版本在6月出版。发现陀思妥耶夫斯基:

> 突然之间变得口若悬河的本领,在此找到了一个知音。

2月23日尼斯地震;尼采所住的旅馆受到影响;尼采镇静如常。"一个可笑的事实":

> 在所有激进的党派(社会主义者,虚无主义者,反犹主义者,基督教正统主义者,瓦格纳主义者)中我都享有一种奇妙和几乎神秘的声望。我在其中表现自己气氛的明亮是诱惑性的……

没有完成的任务:

> 另一方面,在我肩上仍然有需要做的事情的重担:在接下来几年里创造一个紧密的思想结构,而为了做到这一点,我需要五个或六个前提条件,而所有这些条件现在都还是缺少的或者甚至看起来是无法获得的!(1887年3月24日给欧维贝克的信)

为此从6月7日开始在伦策海德度过。在因加丁地区天气转暖之前,尼采在库尔等了四周,并利用这段时间在图书馆研究:由十六点组成的《欧洲虚无主义》纲要(不是残篇!)的撰写。随后是《道德的谱系:一篇论战文章》中的一节,该书的第一篇和第二篇论文写于6月10到30日之间,而第三篇直到8月28日结束;全书在11月由瑙曼出版("一切都和《善恶的彼岸》一模一样")。期间与萨丽思(Meta von Salis),又一位女权主义者,以及她的女友凯姆(Hedwig Kym)经常一起前往希尔斯玛利亚("1887年夏天,尼采有时非常高兴,喜欢开无害的玩笑"),同时并不期望她们理解他的观点("我做得很好,[57]与两位女士交谈甚欢")。音乐作品《生命颂》发表,尼采作曲,露作词,科泽利特管弦乐配器。勃兰兑斯(Georg Brandes,本名 Morris Cohen,1842—1927)学习哲学并以关于丹纳的研究获得教职,但却由于他为丹麦的言论自由所做的斗争而长期无法获得教授职位;于是他前往柏林,在柏林认识李和露,并通过他们了解到尼采的作品;尼采则将《善恶的彼岸》和《道德的谱系》的书评样书寄送给他,与他建立联系;在促使斯特林堡(August Strindberg)也对尼采发生兴趣之后,勃兰兑斯先是在哥本哈根,然后是在半个欧洲的范围内,在"贵族激进主义"的标签下做关于尼采的讲座。通过这些人尼采的声望开始流传:"尘世的荣耀开始"。

1888

冬天致力于"非常激进的问题和决定"。直到 4 月初仍然停留在尼斯,随后打算前往都灵("人们对我赞美干燥的空气,安静的街道","距尼斯只有一天的路程"),但却因换车错误,上了开往靠近热那亚的圣彼得沙滩(San Pier d'Arena)的火车,生病并且没有行李。都灵让他欣喜异常:

> 我与这个城市难以言表地心有灵犀。

"这里的一切都自由而空旷"。如果说因加丁是他的乡野,那么都灵就是他的城市。这个城市的"高贵风度"给他以深刻印象,使他精神为之一新;哲学系主任前来礼节性拜访。夏天,在希尔斯玛利亚重新陷入"一种悲惨状态":现在"深受神经衰竭的压迫"。此外也有友情:一个希望匿名的捐赠者向他捐赠 2000 马克,而他为了印刷自己的作品而接受了捐赠;①人们先后六次为他演奏[58]"我的威尼斯大师"的作品。七月中旬尼采的"小册子"《瓦格纳事件:一个音乐家的问题》收笔(9 月中旬问世),9 月初《偶像的黄昏:或如何用锤子作哲学思考》暂时宣告结束:

> 包括最令人切齿和最激进的内容,虽然非常巧妙地和温和

---

① [译注] Richard Meyer,一个大学生,犹太人。Meta von Salis 也为此目的捐助 1000 法郎。

地加以掩盖了。这是我的哲学的一个完美的总导论。

而来自科泽利特的题目"同样也是反对瓦格纳的"（修订直到10月初,问世于11月底,从1889年1月底开始上市销售）。① 尼采亲自制作了两本书的定稿,而科泽利特阅读清样和提出修改建议。9月底返回都灵,疼痛突然之间意外消失,巨大的创作冲动:

　　一切仿佛都一下子就绪。所有事物都历历在目,呈现出秋天的色彩,令人心旷神怡。

在《敌基督者:对基督教的诅咒》（最初问世于1895年）的写作暂告结束几天之后,尼采在希尔斯玛利亚仍继续创作该书;该书长期被作为《重估一切价值》的第一卷看待:

　　我现在是世界上最幸福的人——我的思想中弥漫着秋天的气息(在"秋天"这个词的最好的意义上);这是我的巨大收获的季节。一切对我变得容易,一切都向我走来,虽然一个人要是手上拥有这么多东西,他是会感到沉重的。

在他的44岁生日,他开始写作《瞧这个人》,并于11月4日暂告结束（尼采推迟印刷该书,希望首先完成该书的所有主要语言的译本,并且避免他的生命的"悲剧性的灾难""大大加剧"。该书于1908年首度问世）。

---

① [译注]尼采原来的题目是"一个灵魂学家的遐想",而科泽利特反对这个题目,最后尼采采取了后者所建议的"偶像的黄昏"作为题目。

我在思考我在9月3日和11月4日之间所打碎的东西，担心大地很快就会震动。

认为自己（反讽性地?）"已经成长为'救世主'"。希望从弗里茨那里买回他的"全部作品"，[59]转而委托瑙曼，但却由于价格而作罢；因此考虑为他"反对基督教的歼灭战"而利用犹太"大资本"：

我们一旦获胜，就会掌握世界政府——同样还会有世界和平……种族、国家和阶级的荒谬界限将被我们抛在身后。仍然存在的将只有人和人之间的等级秩序，虽然是巨大而漫长的等级秩序。您将会看到最初的世界历史文件：大政治的典范。（1888年12月初给勃兰兑斯的信，草稿）

尼采自视为欧洲思想的尖端，因此认为自己对欧洲同样负有政治责任：为寄送《敌基督者》给威廉二世皇帝和俾斯麦的信件草稿；邀请意大利国王和王后访问都灵他的房间的电报；与不理解他的哲学之重要地位的朋友和熟人的决裂，但欧维贝克不在此列。勃兰兑斯使尼采注意到基尔克果，但尼采没有来得及阅读基尔克果的作品；斯特林堡表达对《瓦格纳事件》的热情；尼采试图劝说他将《瞧这个人》译成法语。期待自己的反德国立场在法国获得更好的理解，设想在"一个最高级的时代，我将作为法国人重新来到世界上"。针对在尼采看来不足的对《瓦格纳事件》的书评，将迄今的瓦格纳批评汇集成《尼采反对瓦格纳：一个灵魂学家的笔记》（在短时间内印出100本，但尼采却没有寄出它们）。将主要来自《扎拉图斯特拉如是说》中的歌曲汇编和修订为《狄俄尼索斯颂歌》（1891年第一次问世）。最后还用一篇（直到1969年才被发现的）文章来替换

《瞧这个人》中的"我为什么这样智慧"一节[60]：

> 我在我母亲和妹妹手里所受到的对待，直到现在这个时刻为止，在我心里唤起了难以言说的恐惧：在这里运转的是彻底令人恐惧的机器，它不变地走向一个时刻，在这个时刻，人们可以残忍地伤害我——在我最为高飞远举的时刻……因为在那个时刻，抵抗有毒害虫的任何力量都不存在……

以一种"英雄-阿里斯托芬式的纵酒狂歌"致力于"为欧洲各宫廷建立反德意志联盟的思想"。觉得自己到处都忍耐，甚至对女小贩和服务生忍耐。关于尼采抱住被鞭打的马的故事很可能是传说。

1889

直到 1 月 5 日之前写下的所谓"疯纸条"，其中包括一封写给布克哈特的信，这封信吓坏了欧维贝克，他马上动身前往都灵。当欧维贝克赶到都灵时，他看到尼采（按照伯努利的说法）正处在极度躁狂的状态。他立即将桀骜不驯的病人带往巴塞尔的精神疾病诊所（欧维贝克："我从来没有看过这样癫狂错乱的景象"）。尼采承认，他的"心情是如此舒畅，以至于他只能在音乐中才能表达这种至高存在"（巴塞尔的医生日志）。（当时的）诊断：进行性脑损坏。母亲带尼采前往耶拿当地的精神病诊所，后来带回到自己家里。欧维贝克和科泽利特临时接管了未刊手稿，制作了《敌基督者》和《瞧这个人》的誊写本。朗贝（Julius Langbehn, 1851—1907）在其匿名作品《莱姆布兰特作为教育者》中赞同尼采的《叔本华作为教育者》，并在出版上取得了巨大成就，广泛传播了文化悲观主义的、民族主义的以及反犹主义的观念。尽管他没有受过相关的教育训练,他却希望通过与看来明显接受他的尼采一起散步和对话使尼采恢复健康,以及试图成为尼采的监护人,而欧维贝克最后阻止了他。[61]尼采变成了无行为能力者,母亲成为监护人,而尽管母亲建议由欧维贝克,但最后是尼采的表哥厄勒尔(Edmund Oehler)成为监督监护人。在厄勒尔1891年去世之后,他的儿子阿达尔伯特(Adalbert)成为监督监护人。

1890—1900

在长期谈判之后,版权仍然归属瑙曼;科泽利特着手编辑《全集》,其中《扎拉图斯特拉如是说》也是四部一起发表;最初的大笔酬金收入。尼采的名声迅速增长,关于他的文献迅速增加。1894年,露的《尼采著作中的尼采》问世,而尼采妹妹的三卷本传记也从1895年开始出版。与尼采在外面散步逐渐成为不可能。从1893年起尼采坐在轮椅里,不再离开住宅。妹妹从巴拉圭返回,首先是忙于宣传"复兴新日耳曼尼亚",然后开始插手尼采未刊手稿的管理,在尼采母亲家里建立"尼采档案馆",让尼采在她不在场时涂画,并将尼采的画作展出。由于尼采不能保持安静,所以她将档案搬迁到另一所房子里。这所房子也更气派。为了尽可能快速地出版尼采的未刊手稿,她用过许多编者。她停止了科泽利特的《全集》。经过激烈的争执和诋毁活动之后迫使她母亲不得不放弃其权利。在她母亲1897年去世之后,她将哥哥带到自己身边,开始完全控制他。由于瘫痪症状和中风,尼采越来越不得不躺在床上。萨丽思曾经资助尼采著作的印刷,此时帮助买下魏玛的"银色风光"(Silberblick)别墅。妹妹将"尼采档案"安置在这所别墅里,并且与她哥哥一起住在里面。有时她向来访者展示尼采。1900年8月25日，尼采在重感冒和中风之后去世。[62]葬礼在他父亲靠近洛肯教堂墙壁的墓地边上举行。教区日志上记载：

  1844年10月15日，作为时任牧师尼采之子出生于洛肯，就此而言属于天主教，但按照他的哲学著作来说属于反基督教。

二 尼采生平对其哲学的意义

——尼采自己的评估

[63]上述关于尼采生平的叙述不是完全没有讨论尼采的著作，就是尼采的著作在其中只具有边缘的意义。然而，尼采在其哲学中精心而巧妙地利用他的个人存在，利用他的哲学活动的各种个人性前提和条件，并因此勇敢地打破了哲学作为科学的规则：为了保证客观性和普遍有效性，必须抑制一切个人性的东西。当尼采在1886年重新出版他过去的著作并为其写下新前言时，他详细描述了他的生平对于他的著作的重要意义，而在写完《敌基督者》这本他"对基督教的诅咒"之后，他在题目同样令人震惊的作品《瞧这个人》中重施故技。《瞧这个人》是彼拉多指着拿撒勒的耶稣说的话，当时他将耶稣交给犹太公会审判；他在这样做时并不同情耶稣，但也没有查到耶稣有什么罪。我们不应该把这样的作品当做通常意义上的自传；作为自传，它们往往不能自圆其说，存在大量漏洞，有时干脆就是编出来的。尼采希望达到的是另外的目的：尼采将他的生平在哲学上解释为"大解脱"，一种对他这个人即尼采变得可能的解放——从认识的深刻内化的束缚中解放出来。尼采清楚地看到，自己能够抛弃那些他曾对之坚信不疑的东西，丢掉那些最严格地束缚着他的东西。首先是语文学，然后是叔本华及其盲目意志形而上学（叔本华认为这种盲目意志是生命的基础），[64]还有瓦格纳以及

他那通过他的音乐来革新文化的观念,最后是那些与他关系非常紧密的朋友。因此,尼采认识到,哲学的使命不是别的,而就是获得解脱,就是从信仰中解放出来,就是认识各种各样的精神枷锁,最后变成一个"自由的精神"。这个"自由的精神"不断面临着信仰的危险,但又总能不断将自己从信仰中解放出来。在他看来,在这方面对他帮助最大的是他的疾病。然而,他的自我解放超出了疾病等传记性因素的范围;因此,不了解尼采的生平,我们将无法理解尼采的哲学思想,但是,仅仅了解尼采的生平,我们也将无法理解尼采的哲学思想。

在为他的"格言书"《人性,太人性》《朝霞》以及《快乐的科学》的新版所写的前言中,尼采对"大解脱"的谈论,甚至远远超出他对这几本著作本身的谈论。解脱之来临,"有如地震","年轻的灵魂"面对迄今他所热爱的一切"突然大叫和怀疑","叛乱的、任性的要求宛如火山岩浆喷涌而出;要求漫游、外邦、异化、降温、清醒、远行,要求对爱表现出仇恨","仇恨他们过去热爱和膜拜的地方",同时又为这种大胆仇恨而感到"羞愧",有如"一种迷醉的、欢呼的内心战栗,在这种战栗中透露出一种胜利"(《人性,太人性》,"前言"3)。在尼采看来,这样一种解放以"多病故人疏"的"尝试岁月"为先导——首先是在比喻的意义上患病,然后才是渐渐地在生理上患病。孤独病(die Krankheit der Einsamkeit)可以成为"大健康"的工具,而"大健康"之所以"大",是因为每一次新的疾病发作都更强化了这种健康(参本书第三章第六节);疾病可以带来"精神的成熟和自由",在这种成熟和自由中,人可以"以尝试为生"和"使自己成为冒险者"。人可以用新的眼光打量一切,尤其是"切近的和最近的一切",[65]学会为了现在同样也被作为生理现象看待的健康和疾病而自行用药,以及开始变得"智慧"。一个这样"不断变得更自由的精神"同时也知道他的大解脱要解脱到哪里:从生命出发进行透视和随后又不从生命出发进行透视的自由,使自己不再屈服于占统治地位道德的"是和否",而是自己掌握这种"权力"的自由。然而,占统治地位道德因此却遇到了最严重的问题,即人和人之间的"等级制问题";不同的人自我负责的自由和力量恰恰是不一样的,他们自己决定道德标准的自由和力量也是不一样的;甚至是否接受这一简单的事实,也已经以是否处于较高的道德地位为前提(参本书第十一章第四节)。因此,恰恰是在道德问题上,哲学上的绝对普遍有效性变成不可能,或变成了纯粹的假象(《人性,太人性》上卷,"前言"4-8)。

因此,在《人性,太人性》下卷的前言中,尼采开诚布公和钩玄提要地现身说法,谈论他通过什么方法和从哪里将自己解脱出来:通过《不合时宜的沉思》从"有教养的庸人"中解脱出来,从"历史病"中解放出来,以及——尽管非常敬仰叔本华和瓦格纳——从叔本华和瓦格纳那里解脱出来,从他的浪漫主义中解脱出来(参《快乐的科学》370)。通过《人性,太人性》,他进入"漫长中间岁月里内心深处的孤独和自我否定",作为他的"健康学说"的组成部分而接受一种"反浪漫主义的自我治疗"。确实,与瓦格纳这个"烂透的、绝望的浪漫派"的分裂,仍然在生理和精神的双重意义上,首先不是使他变得健康,而是"生病",甚至不仅仅是生病,而且是疲倦——由于看到我们现代人对之仍然兴趣盎然的一切不可避免地让他感到失望而疲倦,由于看到力量、工作、希望、青年和爱到处被浪费掉而疲倦。因为在这些时候,他的"使命"每每离他而去,而这种使命是他仍然拥有的唯一恢复健康的药物。他不停地工作下去,[66]而他的著作使他能够"面对生命保持平衡、放松,甚至感激",他"同时是医生和病人,集二者于一身",有时不得不采取"乐观主义",通过从一种"灵魂之气候""不断迁徙"到另一种气候,通过"摆脱一切粗鄙欲望"而在"千百种外在不利条件中追求独立"——最后,他重新赢得了他的使命和他的健康。因此,他的人生的经历就是"患病和康复的故事"。这是这样一个人的经历,他对其他个人讲述这些经历,而这些其他人按照他们自己的方式理解他的故事,并因此变得生病以及健康。他不再渴望在某种一般(Allgemainen)中获得压倒性优势,也不再渴望这种压倒性优势形成的集体和安慰;他现在"渴望的是有一个强敌"(《人性,太人性》下卷,前言 1-7)。

正如他在《朝霞》的前言中所述,欧洲道德本身就是他所找到的这样的强敌,它以这样的一般为基础,同时由于使自己作为根据成为一种形而上学而牢不可破,甚至历经康德的批判而岿然不动。他(尼采)像一只鼹鼠一样在这个基础的地下孤独地掘进,缓慢地挖出一个新的"朝霞"。

最后,在为《快乐的科学》所写的新前言中,尼采将他自己的著作本身说成"亲身经历"(Erlebnis),谈论"康复者的感激","康复的陶醉",汹涌而至的"力量归来的欢呼"——只有有类似亲身经历的人才能理解这种"亲身经历"。但是尼采同时又与自己拉开距离:"让我们忘掉尼采先生:尼采先生恢复健康,这与我们有什么关系?"

尼采也使用一般,离开一般我们将无法生存,只是他使用一般的方式有些不同:不是为了将某些东西作为真的建构起来,[67]而是通过这种方式将个人置于发挥作用的位置,使他可以推动另外一些人去做某些事情,而这些其他人可以按照他们自己的方式接受或不接受这种推动,并承担他们自己的责任。在此,双方都是按照"需要"行事,以及在无其他选择的情况下,按照"困境"(Nöten)行事。在尼采看来,驱动哲学的永远是"困境",特别在那些生病的思想家那里,尤其如此,而按照尼采现在对于病态存在的比喻和概括,过去和现在的所有的思想家,都是有病的,即使不是生理上有病也是精神上有病——正是因为他们过去和现在是有病的,所以他们才追求哲学。在尼采看来,他们的特殊地位不再是因为他们靠近存在,而是因为他们靠近病态;他们的病态使他们必须"自我询问,自我诱惑"。真的,"从处于病态压力之下的思想中会形成什么?"是否"到现在为止,总的来说,哲学仅仅是对身体的解说以及对身体的误解?"按照尼采现在以他自己的方式使之普遍化的他的个人经验,一个哲学家乃是"医生"——首先要能够成为他自己的医生,正如尼采自己曾经努力尝试的。当他克服困难成功地实现大健康,他就会成为自由的,"历经许多健康"和"同样多的哲学",并将它们作为对生命的透视视角而加以支配。因此,他在他的思想中转变、"变形"他的生命。某些偶然事件在这个过程中一起发挥了作用,并在一定程度上被转变和变形了,但并不会完全被转变和变形,不会不再是偶然事件。生病和疼痛只是这些偶然事件中最突出的、最明显的,但也是使生命最强烈地成为"问题"、成为哲学家的哲学问题的。假如人们最后成功了,面对疾病变得轻松自在——当然只有很少的人会成功——他们将会认识到还有"一种新的幸福",一种"对于 X 的欢乐"。他们互相之间所说过的话,这时将会成为某种一般然而又高度个人性的东西,一种"艺术家的艺术"(《快乐的科学》,"前言"1–4)。

[68]由于尼采为其系列格言体著作写下的新前言几乎已经算不上前言,所以连同此后的《瞧这个人》一起,他实际上发明了一种新的文类。尼采先是在《道德的谱系》中询问,究竟在什么样的条件下欧洲道德得以形成,并最后产生出"学术良知"(wissenschaftliche Gewissen),同时指出,必须以这些条件的科学揭示以及因此欧洲道德的"自我揭示"为契机,走向它们的"自我克服"。然后,尼采

合乎逻辑地继续问道,在哪些条件下,欧洲道德的这一"自我揭示"可以恰好通过他,通过这位"尼采先生",而得以实现。尼采探讨作为欧洲道德之"揭示者"的他这个人的"谱系学"。尼采询问,在他的生平中,究竟哪些状态和事件,使他能够进行苏格拉底以降的欧洲哲学所经历过的最深刻的价值重估。在尼采的少年时代,他经常撰写自传,但随后又将之丢在一边。现在,他以四个谱系学问题的形式提出"我是谁"这个自传性问题:"为什么我如此智慧","为什么我如此聪明","为什么我写下了如此好书",以及"为什么我是命运"。按照通常的标准,毫无疑问,尼采活着时是智慧和聪明的,写过一本本好书,最终成了哲学甚至也许还有人类的命运;然而,现在人们对此加以批判性的理解,认为他说的是怪话。

尼采以"我的使命中最大的使命"开始(《瞧这个人》,"前言"1)。在尼采的自我介绍中,他不是"道德-怪物",而是"哲人狄俄尼索斯的弟子";他曾经宣告狄俄尼索斯是他的哲学思考之神(参《善恶的彼岸》295)。他不想"改善"人类,而是想把"他们的偶像(即我所谓'理想')翻过来",剥夺人类崇拜这些偶像的正当性的基础。[69]他在人群中的孤独状态,他总是与他的思想一起被丢弃到其中的孤独状态,反而解放了他,使他可以"追寻生存中一切陌生和可疑的东西,一切被迄今为止的道德所禁止的东西"。"一个人能承受多少真理,敢为真理冒多少风险",现在被他当成了衡量人的等级的标准。然后,《扎拉图斯特拉如是说》,这部作为他"送给人类的最大礼物"的著作,为自己讲话(《瞧这个人》,"前言"2-4)。他的生命献给了他的作品,所成就的仅仅是作品存在的条件。

什么叫变得智慧? 就是从他的生命的经常是痛苦的经验中赢得了一种知识,这种知识使生命变得安宁和平静。他现在写道,他所以能成为智慧的,是因为他很早就以"中立性",以"在与生命整体问题的关系上的不偏不倚"而著称。他为此感谢一种"命运:如果用谜语的形式来说,作为我的父亲我已经死了,而作为我的母亲我仍然活着和一天天变老"。从父亲那里他继承了威胁生命的疾病,而从母亲那里他继承了坚不可摧的生命力。① 所以,他持续地作为病人生活,经常濒临死亡的边缘。但是,他因此也确立了他的使命,他那实际上持续终生的使命:将他那医学无法治愈、让他身体备受折磨、心灵深受压抑的痛苦,转变为哲学沉思的丰富源泉,以便通过这种方式让他有可能活下去。他必须试着去学习,如何从他的疾病经验中获益并因此——虽然并非他自己的主动选择——变得智慧。在病态和生命力之间的极端张力,生理颓废的一种征象,[70]却使他得以洞察他的时代的病态:文化的颓废状态。因为"病态透镜"使"观察本身像观察器官一样"变得极端精微了;疾病教会了他"那种领悟和理解的精巧技艺,那种敏锐的触觉,种种'明察秋毫'的心理",这些从此就成了他的特点。尼采在新写下的前言中回顾往事,认为是疾病使他成了颠倒视角的艺术大师,而这"也许是为什么只有我才能'重估一切价值'的首要原因"(《瞧这个人》,"为什么我如此智慧"1)。由于使他的解脱变成可能,疾病对他来说甚至是一种"生命和更多生命的强烈刺激"(同上,2)。正如尼采在1882年除夕给欧维贝克写信所说的,它激发了他的"最强大的力量",激发了他的"自我克服"(KSB 6.314),成了他的哲学引擎:

  我从我的健康意志中,从我的生命意志中,产生了我的

---

① 参 Hans Gerald Hödl,《狄俄尼索斯的最后弟子:对尼采宗教批判语境中的自我主题化的系统含义的研究》(*Der letzte Jünger des Philosophen Dionysos. Studien zur systematischen Bedeutung von Nietzsches Selbstthematisierungen im Kontext seiner Religionskritik*,Berlin/ New York 2009),页538。

哲学……

由于知道如何从苦难中培养出美德,他现在写道,他变成了一个"天赋异禀之人"和"进行挑选的原则"——选择原则就是生命本身的进化原则——并因此也超越了善与恶的肤浅对立,从此既不"相信'不幸',也不相信'罪'"(《瞧这个人》,"为什么我如此智慧"2)。通过他的疾病,他接近了他在《道德的谱系》中所称的"特立独行、超越习俗的个人"(《道德的谱系》II 2)。

但是,为此还需要更多的条件。正如他在其著作誊清稿中也曾说到的,"与明显分离的不同世界的接近状态"不仅使他可以承受他的疾病,而且还使他可以克服在政治上狭隘的视角,特别是用一种欧洲视角克服德国和德语国家的有限视角。无需处心积虑刻意追求,[71]他就可以成为"好欧洲人"(guter Europäer)。为此,一个德国人必须不仅仅是德国人,并且不仅仅是在思想中如此,而且也在身体和出生上如此。在这方面,尼采终生相信人们在他儿童时代对他讲述的一个传说:他的祖先是"波兰贵族",由于信仰新教而放弃了他们的祖国和他们在祖国中的贵族地位(KSA 14.472)。由于他的外表,童年时代的他非常骄傲的是,他经常被说成是波兰人。他在索伦托则被直接称为 il Polacco(波兰人)。在尼采的时代,许多德国人从民族主义出发敌视波兰人,而在尼采的心目中,波兰人是"斯拉夫诸民族中天分最高的和最有骑士作风的";"斯拉夫人……在天赋上高于德国人"。他重视波兰人对个人独立的追求,这种追求在波兰贵族的权利中得到了体现:"对一个大会的决议投票反对";同样也正是在波兰,哥白尼这个波兰人(关于他的国籍人们同样也有争议)使用这一权利,"反对所有其他人的决议和眼前所看到的现象",认为地球围绕太阳运动,而不是太阳围绕地球运动

(N 1882,21[1],9.681f.)。按照尼采在《善恶的彼岸》264 中的说法,这样坚决、独立的思考只能是在历史悠久的强大、独立的家族中成长和培养起来,并因此在关于他的身份的问题上,比教区记事录更好地证明了他有波兰祖先的儿童神话。对他来说,特别德国的因素是他母亲弗兰齐西卡(姓厄勒尔)及其家庭。父系曾祖母克劳泽(Erdmuthe Krause)则相反(尼采在此同样相信一个历史上没有根据的传说),也许就是 1778 年与(好欧洲人)歌德友好的"姆特根"(Muthgen)。[72]关于他的祖母,尼采试图将其与他心目中的现代欧洲奠基者拿破仑建立某种关联:她"在 1813 年大战的日子里,当拿破仑和他的总参谋部进驻爱伦堡(Eilenburg),于 10 月 10 日"生下尼采的父亲:

> 作为一个萨克森人,她是拿破仑的极端女崇拜者;也许,我现在还是拿破仑的崇拜者。

由于尼采的父亲在尼采出生之前,曾经给萨克森奥登伯格公主上过几年课,以及按照普鲁士国王弗里德里希·威尔海姆四世(尼采与他同一天生日)的名字命名他的第一个儿子尼采,尼采希望自己在德国人中的门第至少得到保证。然而,尼采完全没有他父亲的那种忠诚。尽管他有"霍亨索伦姓名"(KSA 14.472),尼采在《瞧这个人》的原稿中仍对霍亨索伦王朝和 1888 年登基的威尔海姆二世皇帝极端尖锐地进行攻击(N 1888/89,25[13] - [16],13.643 - 645)。显然,一部忠实的记录性的自传并不是他的目的。

当然,尼采不是将所有这些原封不动地出版的。对于"为什么我如此智慧"中的第三段,他最后代之以更直截了当的说法,简单地宣布:

> 我是一个纯种波兰贵族,没有一滴坏的血液混杂,至少没有德国的血液混杂。

尼采不是提供自传性的事实,而是毫不隐晦地表明他对事实的反感。对尼采来说,他与母亲和妹妹的亲属关系就是最让他反感的事实。两位女士最深切地关心他。由于莎乐美,这个唯一一个在同等水平上与尼采对话、知道如何深入探索他的问题的人,她们表现出在道德上好心的无耻。这让尼采害怕,并怀疑自己在《扎拉图斯特拉如是说》中给予最大重要性的思想,无论这种怀疑是真诚的也好,还是反讽的也罢:

> [73]但是,我承认,对我的深渊似的思想"永恒复返"的最深刻的异议,永远是母亲和妹妹。(《瞧这个人》,"为什么我如此智慧"3)

他愿意怀疑自己的观念,条件是他的经历反驳他;他愿意相信自己的观念,条件是他的经历没有反驳他。尼采的扎拉图斯特拉就已经对永恒复返思想感到厌倦和厌恶了,理由不是别的,恰恰是因为这也意味着"小人"也将复返;这些小人将死死抓住他们的道德不放,这种道德为他们自己辩护,而通过这种道德,他们希望杀死一切超出他们因而在他们看来不可理解的东西(参《扎拉图斯特拉如是说》III,"康复者"2)。对于像尼采母亲和妹妹这样的"小人"的"地狱火机"(Höllenmaschine)(《瞧这个人》,"为什么我如此智慧"3),为了能够承受她们,就必须与她们的人性,也就是她们的"神性"保持最大的距离。为了对抗她们,尼采就像举着一面盾牌一样举着与科西玛和瓦格纳一起度过的"特里伯辛的日子",这些日子,即使在

他与他们决裂之后,仍然无论如何也不愿意从自己的生活中抹去,

> 信任的时光,欢乐的时光,崇高的风云际会,……深刻的瞬间……(《瞧这个人》,"为什么我如此聪明"5)

他与这些人才是亲属。因此,"亲属关系"在这里意味着什么,是非常清楚的:

> 人们与他们的父母的亲属关系最少:与自己父母的亲属关系是同一性的最外在的标志。高等天性源远流长,必须经过漫长的汇聚、积累、堆积才能产生。最伟大的个人也是最古老的个人:我不确定,但我知道,恺撒可能是我的父亲——或者亚历山大,这个有血有肉的狄俄尼索斯……(《瞧这个人》,"为什么我如此智慧"3)

[74] 瓦格纳曾经正是这样谈论的,带着他那过度甚至自大狂似的使命感(参 CPJ 2.191)。尼采只是更新了"亲属关系"。欧洲哲学不曾离开过"神性":巴门尼德,他为了他的新真理引进一位新女神;苏格拉底,他为了他的真理追求而诉诸德尔斐诸神的预言家;诸如柏拉图等后来哲学家,相信可以将所有具体生活条件抛在脑后,从一种神一样的理论立场出发看待世界。

与他们不同的是,尼采突出表现的恰恰是这样一种神性背后的人性。还是在对他父亲的记忆中,尼采谈论他的人性,他的从未使他成为别人的敌人的交往和友谊,他的使他永远控制哪怕最意外情况的独立性,他的即使在同情中也仍然存在的"距离敏感",他的对于"他的崇高使命"的责任,他的对于一切"报仇""对抗手段""保护

手段"的抗拒,他的"心灵之优雅和有礼",宁可用有失风度的粗暴言辞做出回答,也不愿意报之以冷冰冰的沉默,因此承担起他自己的责任。简言之,谈论他的高贵性(《瞧这个人》,"为什么我如此智慧"4,5)。他感谢他的父亲,同样也感谢使他变得如此敏感的他的"免于怨恨的自由"和疾病,感谢种种条件使他变得如此敏感,最后他甚至能够不再做出反应:

> 假如人们凡事都要做出反应,很快就会累垮,结果就是事事没有反应了。这就是逻辑。没有任何东西比怨恨的冲动更能消耗人的精力的了。

在他看来,免除怨恨的自由,免除他在他母亲和妹妹那里曾经历过的那种怨恨道德的自由,[75]因此不是道德上的成就,而完全是他在其极端生活处境下活下去的手段,是"实践中的本能保险"(《瞧这个人》,"为什么我如此智慧"6)。即使这些手段是解释,那么这些解释对他来说也是活下去的条件,是他的身体的"大理性"的战略,是使他得以将扎拉图斯特拉与"小理性"区别开来的东西。欧洲哲学极端依赖这种小理性,将其设定为道德和形而上学的基础,但是,在尼采看来,对于更复杂、在这种小理性看来几乎不可理解的生存战略来说,这种"小理性"只不过是"一种小工具和小玩具"(《扎拉图斯特拉如是说》,"论身体的蔑视者")。对于一个像尼采这样极端敏感的病人来说,大理性要求"宿命论",这种宿命论将给定的一切这样来接受,好像它们是不可更改的命运,为此对于

> 几乎不堪忍受的环境、居所、地点和社交,一旦偶然发生过一次,就成年累月地与它们为伍下去——比改变它们要好,比

觉得它们可以改变要好——比奋起反抗它们要好……(《瞧这个人》"为什么我如此智慧"6)

能够这样做,尼采在接下来的段落补充说,乃是"命运之爱",是他的"人的伟大的公式"(《瞧这个人》,"为什么我如此聪明"10,参本书第十一章第八节)。

由于他能够做到这种中立性,所以他也认识到高贵的"战争实践"是什么。他首先寻找"所向披靡""势均力敌的对手""事物",以便随后予以降服;其次,他不需要"任何盟友",而是孤注一掷,"独自冒险犯难";第三,他只攻击这样的人,在他们身上"一种普遍然而隐秘、很少被人把握的困境可以变成可见的";以及第四,他只攻击"没有任何个人恩怨和负面体验的对象"。按照尼采的说法,这同样并且尤其适用于他发起的反对基督教的"战争":[76]"如果我对基督教宣战,那我是有权这样做的,因为我还没有在这方面经历过灾难和挫折——严肃的基督徒们总是对我表示友善"(《瞧这个人》,"为什么我如此智慧"7)。

毫无疑问,他那既非形而上学也非先验哲学地断定的,而是从其生命条件中艰难赢得的"中立性",在这些生命条件下也有其界限。在尼采看来,这个界限存在于这样的地方,在这个地方,他那极端敏感性的大理性"变成了纯洁本能的一种彻底的极端敏感性",变成了"对特别是哲学思考中的任何不诚实、欺骗和自我欺骗"的"反感":"一种极端的干净,乃是我生存的先决条件,在不纯净的条件下我就会死掉"。这种不再是沉思出来而是生活经历到的理智纯粹性,使他无法在表面上随便地与别人一致,而且促使他"不断自我克服",以及在为此耗尽了他的力量时,回到孤独,回到"康复,返回自我"(《瞧这个人》,"为什么我如此智慧"8)。尼采哲学的结论是:

从孤独中去思考一切认识,所有知识,全部智慧,在它们必然的孤独中寻找它们的前提条件,每一个人都由于他的特殊的生存而"被抛到"这些条件中(WB 3;《人性,太人性》I,292),只有通过"自我克服"才能超越这些条件,而只有少数人才有这个力量。他亲自"冒险",目的是树立样板,让人们明白,一种"智慧的""中立的"和对所有人和所有事公正的哲学思考,在没有道德和形而上学的避难所的情况下仍然是可能的。尼采为此并不是教导他的读者,而是让他们自己观察和经历这一点——以及在他们没有新的道德和形而上学避难所就无法理解他的哲学思考的情况下,让他们在他这里冒险。[77]"瞧这个人"因此主要变成了谈论人们看到和体验到的另一个人的语言,这个人就像——按照福音书的说法——拿撒勒的耶稣之让彼拉多感到吃惊一样让人们吃惊,人们在这个人面前使自己冒险,因为他们相信,按照他们的思想可以把罪责归给这个人。在《敌基督者》以及之前,尼采将对于另一个人的不可接近性的敬重称为"距离的激情"(参本书第十一章第五节)。他在他的生活中不由自主地呼唤的,以及他在他的著作中希望有意识地呼唤的,最终和特别是在《瞧这个人》中呼唤的,正是这种距离之激情。

《瞧这个人》第一部分讨论那些使尼采变得智慧的前提条件,他的受苦史,第二部分"为什么我如此聪明"则讨论尼采在这些条件下所能学到的东西,他的教育史。所谓教育,不是指他在学校里和在学术上所受的教育,而是指他如何学会承受这个时代、在这个时代活下去的历史。尼采在此详细谈论他如何找到一种适合他的营养,一种他受得了的气候,以及适合他的休养生息,其中也包括书籍和音乐在内(参本书第三章第三至第九节),以及最后,谈论自我保护之明智。其中包括他所养成的趣味,这种趣味使他与那些否则他必须花费巨大精力防卫的一切保持距离,以及所谓"使命之命运"的一度自我隐藏(《瞧这个人》,"为什么我如此聪明"9):他将价值重估看作自己应该担负的使命,而只要这种使命还没有成熟,它就会暂时隐藏自己。尼采自己与这一使命保持距离,目的是为了不让自己因为知道这一使命而震惊地将它推开,并从而能够长期承受使命。但是,他所做的这一切,都是为了最终使哲学思考脱离唯心主义传统和走近"最切近的事物"。在这里也同样是疾病迫使他走向"理性,走向关于实在中的理性的反思";[78]一个像他这样的病人必须找到某些途径,学会明智地与他的环境打交道和避免"错误做法";他将自己身体问题上的"可诅咒的'唯心主义'"经验为"生理学的无知状态"和"我的生命中的根本－非理性"。尼采在这一点上变得非常具体,详细叙述了他对于地方特色菜肴的体验(德国和英国烹调代表了糟糕的烹调,只有皮尔蒙特的烹调让他觉得凑合),对于酒精饮料的经验(最好没有:"我的精神在水上飘荡"①),和对咖啡的经验(同样是不喝:"咖啡令人忧郁",取而代之的是偶尔喝浓茶和脱脂浓可可),并在这些时候想起他在普福塔乡村学校的岁月和他在莱比锡大学的学生岁月。对他和他的哲学思考来说,特别有益的是简单的清水和大量运动:"所有偏见都来自肠胃"。因此,他也关注"新陈代谢的气候影响因素",这种因素可以触发"那种弥漫最精神性事物的自由"或者反过来阻碍这种自由:

> 新陈代谢的速度,是与精神步伐的轻快或迟滞成精确的比例关系的。的确,精神本身只不过是新陈代谢的一种形式。(《瞧这个人》"为什么我如此聪明"1-2)

---

① [译注]《圣经·创世记》:神的灵运行在水面上。

所有这些与其说是他精心计划的结果,不如说是偶然降临到他身上的——他在此补充说,就像他在巴塞尔大学的任职。他并非出于权力意志而这样解释,相反:

> 我丝毫无意使情形变得与现在的有什么两样;我自己也不想变成另外一个人……我就是这样生活过来的。我从来没有过什么愿望。(同上书,9)

他完全不是从他的生命中得出权力意志学说的。

尼采用下面的句子开始"为什么我写下了如此好书"这一部分:"我个人是一回事,我的著作又是一回事。"尼采迈出了将他的著作与他自己分离开的最后一步。[79]他的著作现在是独立的,并且应该按照自身的方式被理解。不过,尼采在当下并没有期待任何对他的作品的理解。尼采再一次提出"关于被理解或不被理解的问题",同时知道,甚至这一问题本身"完全是不合时宜的"。不只是他的哲学写作的真理性,而且还有他为其哲学写作创造的形式,还过于陌生,现在的"耳朵和手"还没有准备好倾听它们,对于它们的感受力还没有得到充分发展。也许有一天人们会设立"扎拉图斯特拉解释学讲席",当前人们则缺少经历和经验。由于尼采不再能够通过诉诸一种普遍的理性而教导他的读者,由于这样一种理性的普遍性和普遍有效性已经被尼采悬置,所以他鼓励读者,从他们自己的经历和经验出发,自我负责地去发现他的作品的意义。尼采使他们面临一种令人恼火的双重约束:

> 自认为从我的著作中了解了某些东西的人,其实只是根据他自己的想象从中汲取了某些东西,往往就是我的反面,譬如

认为我是个"理想主义者";对我一无所理解的人,则认为根本不需要考虑我。

不能简单粗暴地从尼采的生平推论尼采的著作。然而,无论如何,在欧洲以及纽约,也总是有"杰出的智力"甚至"天才"已经发现了他;而他也通过通信的方式用关于自己人格的大胆描述帮助他们。但是,大多数时候他以最强大的敌手自居,自我推荐为"卓越的反蠢驴者",恐吓——用德语——人们特别是德国人、没有能力正确理解他的作品的德国人("纯粹的德国人"),甚至"我的所谓朋友"。他的"完美的读者"必须像[80]他这个作者一样,是"一位有勇气和好奇的怪物","此外,也是一位能屈能伸、有心计的、谨慎从事的人,一位天生的冒险家和探索者",也就是最不期待普遍教条的人。他总是不变地返回到扎拉图斯特拉,他笔下的冒险教师。最后,他推荐他的"风格的艺术"和他的灵魂学,以及作为试验给出的恰好是"一出奇怪的戏",爱和'女人'的主题(《瞧这个人》,"为什么我写下了如此好书"1–6)。他坚持使自己成为"问号"(《快乐的科学》382;《瞧这个人》,"扎拉图斯特拉如是说"2)。

三　尼采的思想来源

[81]没有什么哲学是无所依傍凭空开始的。每一种哲学都其来有自。踵事增华可以是自愿的或不自愿的、公开追求的或在不知不觉中发生的。哲学家首先应该知道,他们希望在什么方面改进哲学。他们因此必须研究前人的著作。但是,因此就有一个问题:他们如何正确而不是错误地研究前人的著作?情况往往是,他们越深入了解和正确评价过去的哲学,他们越容易看不到他们本来能够带来的新哲学——最后,也许在他们看来,新哲学何新之有哉,因此也就消灭了新哲学的可能性。他们于是——按照尼采的说法——就成了"学者"。当尼采在《瞧这个人》中写道,他阅读很少,相反倒总是对书耿耿于怀怀有戒心(参《瞧这个人》,"为什么我如此聪明"3,8,"人性,太人性"4)。当然,他那欠佳的视力首先就要求他这样做。但他同时也认为这是一件好事。书籍应该成为他的"疗养"才对。他这样做是对书表示敬重而不是轻蔑。因为正是令读者读之欲罢不能的书妨碍读者亲自思考:

> 只是从书本到书本的学者——语文学家一天可以浏览200本书之多——最后会完全失去自己思考的能力。(《瞧这个人》,"为什么我如此聪明"8)

尼采区别学者、"哲学工人"和"真正的哲人"——也就是"命令者和立法者"。学者为了掌握哲学领域的历史知识本身而掌握这种知识。哲学工人则对哲学知识可以据以被整理的范畴、方法和[82]模式进行系统化和加工,使这种知识"有条理,耐琢磨,可领会,好控制"。他们因此准备好了前提条件,可以删削"一切漫长之物,甚至包括'时代'自身,让全部过去尽入吾彀",并在这个基础上从头开始。尼采为此提供的代表性例子是"康德和黑格尔的崇高榜样"。真正的哲人——这种哲人,如尼采自己承认的,也许迄今还没有存在过——则谋求"创造未来",他们参与塑造未来,因为他们为当代提供指向未来、可以创造未来的概念和价值(《善恶的彼岸》211)。这些新概念和价值一旦被照亮,它们就变得如此令人信服,以至于人们会自动按照它们行动,使这些概念和价值变成"支配性思想"(《扎拉图斯特拉如是说》Ⅰ"论创造者之路",4.81 和其他多处),而哲人因此变成"命令者和立法者"。如果一个时代发现,甚至那些长久以来被认为永恒不变的哲学概念和价值也有其时限,这个时代就会发现需要"命令者和立法者",他们能够为新时代创造一个新方向。这就是尼采所说的"使命"。

迄今的尼采研究已经证明,尼采自己也阅读大量书籍。尼采拥有上千册图书,并且直到最后一直利用图书馆和阅览室,尽管他不喜欢图书馆和阅览室("阅览室让我心情低落":《瞧这个人》,"为什么我如此聪明"3);在他的视力无法阅读其他人的著作时,他让人为自己朗读其他人的著作。然而,尼采吸收哲学知识的方式并非学者吸收哲学知识的方式,他只有在很少的时候才广泛和深入阅读,从来没有穷尽性地阅读。他一直是自我教育者。作为自我教育者,尼采曾经突然之间被与"大学哲学"自我隔离的叔本华征服。叔本华的思想在很多年里是如此完全支配尼采,以至于尼采只希望与他有同样热情的人做朋友。[83]然而,与他的朋友们不同,尼采足够敏锐和强壮,可以再次摆脱叔本华。作为自我教育者,他也对其他哲人做出了一些傲慢和尖刻的判断。然而,正如迄今的研究所表明的,尼采在这方面令人吃惊地很少失手,甚至他的论战性判断也"弹不虚发",发人深省。作为自我教育者,尼采在最终从叔本华解放出来之后,比过去更加心胸开阔地重新讨论哲学。他现在这样从事哲学,力图尽可能广泛地将科学包括进来,一方面是天文学、物理学、生物学、化学和医学,另一方面是精神科学、法学和政治学、语言学、艺术科学、神话研究、宗教学和神学,并特别热心于那时新兴的社会学、心理学、文化人类学、动物行为学、神经病学、精神病治疗学等等。在所有这些学科中,虽然他总是不断信誓旦旦地要投身其中,但没有哪一学科是尼采训练有素、有深入研究的,相反,对于他所需要的东西,他总是迅速吸收其最新的观点,并且和众多自我教育者一样,不会畏惧使用二流甚至三流的文献。因为对尼采来说,重要的与其说是科学——他的目的并不是科学本身——不如说是为他的新哲学思考寻找支点,而首先受黑格尔主义影响,然后受康德主义影响,并且最后日益陷入实证主义的他的时代的专业哲学,几乎无法提供这一支点。对尼采来说,最值得感谢的是朗格的《唯物主义的历史及其在当代意义的批评》,他不断研读这本书,这本书恰好提供了他所需要的东西:一种新的、消除一切形而上学的哲学与实际的经验科学的氤氲摩荡。

[84]蒙提那里(Mazzino Montinari)除了《考订版尼采全集》计划以外,还将对尼采的阅读的研究设定为自己的毕生工作,惜乎未能完成;为 KSA 所做的笺注(KSA,卷14)和 KGW 后记中的大量提示反映了这一研究的成果。在蒙提那里过早去世之后,除了意大利的几个小组,还有众多来自瑞典、比利时、荷兰、西班牙、德语国家以

及其他国家的研究者,继续推动所谓的"原始材料研究"(Quellenforschung),其成果定期在《尼采研究》上刊登。这一研究的目的是,将尼采思想放到他的时代的思想脉络中去理解,即使——以及正是因为——尼采自己从这一脉络中脱颖而出,推陈而出新。尼采所拥有但并不必然全部读过的书目,见搜罗宏富的《尼采个人藏书》(BN);此外,尼采阅读但并不拥有的所有作品,即所谓尼采"理想藏书和读物",也被纳入考虑之中。尽管现在这些作品在很大程度上为人周知,但是迄今并无系统的记载。

尼采对书籍的使用在一定程度上可以从他所做的涂画、边注以及摘录中看出来。然而,在他正式出版的著作中,他却几乎完全不提他从这些书籍中得到的收获,很少澄清他的资料来源。有人因此谴责尼采系统化地进行抄袭,而因为尼采另一方面又把绝对诚实宣布为他的哲学的最重要美德,他似乎更该受此谴责。究竟如何判断,在此同样要由每位读者自己决定。在此应该考虑:(a)在尼采的时代,哲学中忠实的、交代资料来源的引用要比今天少得多,因为关于资料来源的知识在当时是广泛地被假定为前提的;(b)尼采主要不是为学者们写作的;("那些只是希望从中获得一种学术满足的人来说,我并未能让其如愿以偿,因为说到底我根本没有考虑他们。缺少引文。"[85]N 1872/73,19[55],7.437)(c)尼采自己也许也为他自己有限的阅读感到难堪,羞于提起,他的阅读对于严格的科学讨论来说仍然是不够的;(d)尼采极其自由地使用他读到的东西:他往往以一种作者根本没有想到的方式吸收他所读到的东西,因此他不可能引用作者支持这种观点。尼采往往以一种如此独到的方式解释他的阅读成果,使其第一次真正成为令人感兴趣的。按照杨兹(Curt Paul Janz)的说法,

> [他拥有]一种不同寻常的同化能力。他可以把别人的概念、思想、基本原则拿过来,却并不因此变成了抄袭者,因为他透彻思考拿来的东西,直逼其力量作用效力的边界,也就是,他以最高的"原创性"对待它们。正是由于尼采,正是由于他的解释,所有这些"拿来之物"才获得了其重量、形态、意义,才得以流传,变成哲学的组成部分。(CPJ 1.432)

就大部分尼采使用过的书来说,人们之所以记住它们,只是因为尼采使用过它们。还是在做语文学学生时,关于第欧根尼·拉尔修及其"借用而人们愿意被偷窃的引文",尼采自己就在笔记中写道:像拉尔修这样的"作者"有时是"不诚实的或者不愿意在这方面控制自己,因此在一种粗针大线的面纱下故意隐藏他们对于原始材料的利用"。然而,

> 只有在人们所希望的不是用一个名字替代另一个名字,而是用一种知识替代另一种知识时,我们才追问一位作者的原始材料:一本书应该让我们明白它的形态,它的思想内容[……]:我们希望越过面前的著作看到一本书的生成,亲眼看到其制作和诞生的历史。

今天的尼采原始材料研究也是这样理解自己的工作的。[86] 毫无疑问,这种工作的目的并不是"获得精确的答案,因为那个作者可能比他的原始材料作者在智慧上更胜一筹,完全可以自由地对待他们,将他从他们那里拿来的一切铸成新的形态,并盖上他的个性的图章"(N 1868,69[3]和[4],KGW I,5.38f.)。第欧根尼·拉尔修并不是这种情况,但尼采却是如此。尼采活着时是(war)一个"在

智慧上更胜一筹者"。这类更胜一筹者的阅读已经不是——如甚至尼采原始材料研究者也容易假设的那样——"影响"(Einfluss)①一词所能简单涵盖的;"影响"这一比喻在此意味着什么,必须单独加以探讨。当一个"源"(Quellen)沛然而出,注入他们的作品以及因此也在他们的思想河流中奔流,它只能顺河流而下吗?它是会很快被冲到岸边还是会赋予河流以方向?如它顺流而下,那它只是强化了河流吗?它使河流变得更庞大,更湍急,给予河流以冲击力,还是它纵身融化在河流中,因此不再能够被辨认出来?当它很快被溅到岸边,它就停留在那里还是它形成了自己的漩涡,这个漩涡获得了新的动力,并与其他源流的产物混合起来,重新猛烈地返回到河流中?当它给予河流以方向,它是在表面上给予方向还是在深处给予方向?当它在深处给予河流以方向,如何在深处给它定位,如何衡量它的力量?当一位像尼采这样的作者对于一个源流的流入坦白或没有坦白,这一流入是如何发挥其作用的?他与他所提到的东西战斗呢,抑或欢迎他所提到的东西?将会澄清和回答这些问题的原始材料研究诠释学,我们现在还付诸阙如。可以确定的只是,尼采思想不能被简化为他的原始材料的作者的思想。尼采用下述图画描述了"影响"问题:

　　[87]伟大意味着:给予方向。——没有一条河流因其本身而伟大和丰富。接受并带领众多支流继续前行,这才使它变得伟大和丰富。精神上的伟大也无不如此。关键不在于从一开始丰富还是贫乏,而在于是否能够给予方向,后来汇入的所有支流都必须遵循的方向。(《人性,太人性》上卷,521)

---

　　①[译注]在德文中同时是更形象的"流入",所以下文谈到河流汇流。

一

如果要列出影响尼采的最重要的思想资源,①那么,首选无疑是基督教。基督教给尼采的童年和少年时代打下了强烈的印记。尼采用路德圣经学习阅读和写作,曾经确定以牧师作为职业,并终生与基督教的伟大神学家们——保罗、奥古斯丁、路德——争辩,尤其是与基督本人激烈争辩,但却最终在《敌基督者》的中心,使基督作为类型令人困惑地与他自己的类型几乎难以区别地接近起来(参本书第十一章第九节)。对于尼采与教条基督教之间甚至在他的中学和大学时代就已经拉开的距离,叔本华,大卫·施特劳斯的《耶稣传》,费尔巴哈的《基督教的本质》,以及最后还有欧维贝克的《论今日神学的基督性》,与有力焉。在这之后,关于基督教的历史和基督教的人物,尼采特别利用东方学家、宗教学家和通俗作家勒南(Ernest Renan)的研究;而关于犹太教的历史,他特别利用旧约学家和东方学家威尔豪森(Julius Wellhausen)的研究。这两个人都同样走在远离基督教教义学的路上。

二

同样影响尼采的无疑还有古希腊。在中学和大学时代,尼采曾广泛学习和了解古代希腊。[88]从芮启尔那里学到的语文学在尼采的哲学思考中并未随着尼采离开语文学专业而消失,仍然有其应用。②

---

①关于尼采的"阅读,原始材料和所受影响",第一本按照领域和时代分类、由著名专家撰写的概览见本书附录中所列 NHB 364 – 426。

②[译注]关于语文学训练和专业对于尼采思想的长久和深入的影响,可参 Christian Benne 的《尼采与历史 – 批评语文学》(*Nietzsche und die historisch-kritische Philologie*, Walter de Gruyter 2005),以及 James I. Porter 的《尼采与未来的语文学》(*Nietzsche and the Philology of the Future*, Stanford University Press 2000)。

语文学,对尼采来说,首先意味着"能够将某一文本作为文本来解读,而不在其中掺杂一种解释"(N 1888,15[90],13.460),也就是练习穿透自己具有美化作用的解释。但是,在此尼采所产生的影响也反映了他所受到的影响:作为年轻的古典语文学教授,他在《悲剧的诞生》中坚决打破温克尔曼所传播的关于古代希腊的美丽幻象,即所谓的"高贵的简单"和"静穆的伟大",在希腊人中发现了无边的惊恐,激烈的竞赛,对于残忍的爱好和狄俄尼索斯醉狂。尼采在这方面的思考首先归功于伯奈斯的《亚里士多德论悲剧作用之佚作的基本特征》(*Grundzügen der verlorenen Abhandlung des Aristoteles über die Wirkung der Tragödie*,1857)。伯奈斯是芮启尔的年长的硕士,由于忠于犹太教而在当时的德国一直未能得到正教授职位。尼采的思考同样要特别感谢容克地主和私人学者瓦滕堡(Paul Graf Yorck von Wartenburg),后者将伯奈斯的分析置于一个思辨-历史神学的框架之内。上述两人,伯奈斯和瓦滕堡,都和尼采一样,受到赫拉克利特的强烈影响。此外,尼采思想从中得到启发的还有下述作者的著作:史诗诗人荷马和赫西俄德,悲剧诗人埃斯库罗斯,以及历史作家修昔底德。尼采认为,修昔底德是"古希腊人本能中那种强大的、严格的、坚硬的求实精神的伟大总结和最后显现"(《偶像的黄昏》,"我感谢古人什么"2)。

三

如前所述,尼采从儿童时代开始就与音乐紧密联系在一起;音乐最强烈地打动他,帮助他在哪怕最深刻孤独和绝望的时候也能够继续活下去。他的音乐体验完全是身体性的("我的胃不在抗议吗?我的心不在抗议吗?我的血液循环不在抗议吗?我的内脏不也在抗议吗?我的嗓子不是不知不觉地变得嘶哑起来吗?"《快乐的科学》368），音乐将他暂时从痛苦中解救出来，[89]并帮助他在哲学思考中产生灵感：音乐，尼采在1888年初写信给科泽利特说，

> [音乐]使我摆脱了我自己，音乐使我离开自己变得清醒，就好像自己从远处眺望自己，感受自己；音乐因此使我变得更强；每次在听了一晚上音乐之后（我曾经听过四次《卡门》），第二天清晨我都看得更清楚和充满灵感。这真是很奇妙的。就像我在一种自然的元素里沐浴过了。没有音乐，人生就是错误，苦差，流放。（KSB 8:231f.；《偶像的黄昏》，"格言与箭"33）

在他后来放弃了的作曲中，他特别追随的是舒曼，但他的判断并非总是有利于舒曼。当然，他所受到的无疑最强烈的影响，除了瓦格纳其人之外，就是瓦格纳的音乐了。尼采之脱离瓦格纳，当时最重要的音乐批评家和科学家、后来成为瓦格纳对手的汉斯立克（Eduard Hanslick）的著作，也贡献了力量。汉斯立克主张一种绝对的、独立于语词的、具有清晰可见形态的音乐。尼采最后通过比才的《卡门》"治愈"了自己（《瓦格纳事件》1）。

四

在哲学领域，尼采研究过的伟大经典作者看来不多，①包括在中学时期可能读过前面已经提到的费尔巴哈，马基雅维利的《君主

---

① 详尽的名单参 Thomas H. Brobjer,《尼采所处的哲学语境——思想传记》(*Nietzsche's Philosophical Context. An Intellectual Biography*, Urbana/ Chicago 2008)。

论》,卢梭的《爱弥儿》,席勒的《美育书简》,爱默生的《生活的准则》,多篇柏拉图对话和西塞罗对话,大施莱格尔的批评作品;在大学时期,除了叔本华著作以及与之相关的康德的《判断力批判》,还有塞涅卡的《道德书简》,德谟克利特和卢克莱修,亚里士多德的一些著作,例如他的《修辞学》《诗学》《政治学》;在年轻的教授时期,读过蒙田,特别热爱前苏格拉底哲人,还读李希滕贝格(Lichtenberg),黑格尔《哲学史讲演录》的某些部分,休谟的《自然宗教对话录》,[90]哈曼的《作品与书信》,斯宾塞的《社会学研究》,拉罗什福柯的《箴言集》,帕斯卡的《思想录》,洛克的《教育漫话》;在离开巴塞尔以后,读过约翰·斯图亚特·密尔和伏尔泰的一些著作,斯宾塞的《伦理学原理》,孟德斯鸠的《波斯人信札》,密尔论孔德的著作;其中有些书他曾反复阅读。关于近代伟大哲人笛卡尔、斯宾诺莎、莱布尼兹,尼采的广泛知识主要来自第二手著作,概要性了解主要来自宇伯威格(Friedrich überweg)的《从泰勒斯到当代的哲学史纲》(*Grundriss der Geschichte der Philosophie von Thales bis auf die Gegenwart*),详细的叙述则来自费舍尔的多卷本《新哲学的历史》(*Geschichte der neuern Philosophie*)。此外还有大量今天人们很少知道的著作。这些书大体上可以当做大学哲学专业的基本读物。看不出其中有系统的计划。

我们可以看到的尼采的哲学知识毫无疑问并不是事情的全部。对他来说最重要的首先是古希腊哲人,除了恩培多克勒和德谟克利特之外,特别还有赫拉克利特("因为人世永远需要真理,所以它就永远需要赫拉克利特——虽然赫拉克利特并不需要人世。"PHG,1.835)。尼采终生都在与柏拉图的苏格拉底交锋("苏格拉底,说老实话,离我是如此之近,以至于我总是在与他战斗。"N 1875,6[3],8.97)。在希腊哲人中,伊壁鸠鲁特别让他倾心。中世纪哲人对他几无影响,除了奥古斯丁;更重要的是那些导致近代哲学转折的哲人,道德哲学中的蒙田,方法论方面的培根,发明自我引导的纯粹思想方法的笛卡尔;蒙田成了尼采所谓自由精神的榜样。[91]在帕斯卡尔那里尼采遇到了"基督教的最有教益的牺牲者,缓慢地被谋杀,首先是身体上的,然后是精神上的";尼采还写道,他"爱""帕斯卡尔(《瞧这个人》,"为什么我如此聪明"3)。尼采在斯宾诺莎那里,如前所述,发现了"一个先驱!一个伟大的先驱!",所谓法国道德作家,特别是拉罗什福科,以及启蒙思想家伏尔泰和狄德罗,成为尼采道德批评取之不尽的源泉;与此相反,在卢梭对人天生善好的信仰中,尼采看到的是一种将人与人之间所有差别拉平的欧洲道德主义的进一步发展。"哲学思考的最重要成就[……]来自德国思想家",后期尼采归之于莱布尼兹("意识只是想象力的一种偶然性质")、康德("他为'因果'概念所写下的巨大问号")、黑格尔("没有黑格尔何来达尔文"),以及叔本华(不再归之于他的意志形而上学,而是归之于他的)"绝对诚实的无神论"(《快乐的科学》357);此外他还敬重李希滕贝格和保尔(Jean Paul)。与此同时,尼采通常仍然与所有不仅是德国人,而且还以是德国人为骄傲的德国人保持距离。关于"英国人"以及尼采归之于他们的肤浅的"功利主义"——其中首先是边沁、约翰·斯图亚特·密尔和斯宾塞——尼采喜爱取笑他们,在他看来他们的实用主义是浅薄的(参《善恶的彼岸》252)。孔德用一种科学实证主义克服神学和形而上学,这引起了尼采的兴趣,虽然在他看来这种做法也挺肤浅的。斯蒂纳和蒲鲁东也引起了尼采的兴趣。在同时代人中,就其中最重要者来说,尼采觉得自己与爱默生和居雍(Jean‑Marie Guyau)思想最接近,尼采与保罗·李在索伦托并肩工作。尼采从李普曼(Otto Liebmann)、斯皮尔(Afrikan Spir)和泰西米勒[92]那里多有收获。他们力图在新的条件下推进对康德哲学的思考。对于容易被与他的意见搞混的同时代人("我不希望自己被与其他人混同——哪怕是我自己把自己与其他人混同也不行。"《瞧这个人》,"为什么我写下了如此好书"1),他的反应是与他们论战:首当其冲的是大卫·施特劳斯和叔本华的模仿者杜林(Eugen Dühring)、哈特曼(Eduard von Hartmann),以及梅兰德(Philipp Mainländer)。

五

在历史中,属于在尼采看来确立准则之人的,首先包括"神奇的不可把握者和不可思议者,那些注定为胜利和诱惑而生的神秘者,其最美好的表现是阿尔西比亚德和凯撒(——在这一行列里,按照我的审美趣味,我认为还应该加上第一个欧洲人,霍亨斯陶芬·弗里德里希二世),在艺术家中也许是达芬奇"(《善恶的彼岸》200)。在尼采生活的世纪里,尼采认为,拿破仑、歌德和(一度还有)瓦格纳,卓尔不群。歌德对他来说一直是"人格"的典范:

> 他求助于历史、自然科学、古代以及斯宾诺莎,尤其求助于实践活动;他用完全封闭的地平线围住自己;他执着人生,入世甚深;他什么也不放弃,尽可能地容纳、吸收、占有。他要的是整体;他反对理性、感性、情感、意志的互相隔绝[……],他训练自己完整地发展,他自我创造……(《偶像的黄昏》,"一个不合时宜者的漫游"49)

就历史科学来说,布克哈特在尼采看来乃最高权威;他也高度评价丹纳(Hippolyte Taine),以及在小得多的程度上:卡莱尔(Thomas Carlyle);所有这些人让我们看到了伟大的创造历史的个人。

六

在文学中,在歌德之外,重要人物有"可怜"而"美妙的荷尔德林"(《不合时宜的沉思》,第一篇 2,1.172),[93]拜伦勋爵(一个"精神痉挛"之人,他"对自己焦躁而阴郁",《朝霞》549),海涅(尼采在他身上看到了"抒情诗人的最高形象"。《瞧这个人》,"为什么我如此聪明"4)和莎士比亚("一个人得吃了多少苦,才会这样需要做一个小丑啊!"《瞧这个人》,"为什么我如此聪明"4)。在他那个时代的法国作家中——尼采可以阅读法文原文,并且对法国作家最有好感——尼采特别喜爱司汤达、龚古尔兄弟、波德莱尔和布尔热(Paul Bourget),在意大利作家中是利奥波第,在俄国作家中是陀思妥耶夫斯基和托尔斯泰,在英国作家中是斯特恩(Laurence Sterne)。他特别赞叹波斯人哈菲斯和罗马人贺拉斯的完美形式;贺拉斯的"欢乐而轻率"(《人性,太人性》,上卷109)被尼采当做他自己的艺术标准("这种使用最低限量的符号,却达到符号之最高表现力——这一切都是罗马的,倘若愿意相信我的话,也是卓越地高贵的。"《偶像的黄昏》,"我感谢古人什么"1)。

七

在绘画和造型艺术方面,由于眼疾,尼采只能有限加以了解。尽管如此,尼采还是深受影响,虽然更多是在题材方面,而非在艺术形态方面。尼采的艺术观点仍然是极其传统的。希腊雕塑作品,特别是菲狄亚斯的雕塑作品,在尼采看来,同样也是古典性的代表,而在文艺复兴时期,达芬奇、米开朗基罗和拉斐尔再生了这种古典性并使其达到了激动人心的高峰。但是,尼采有自己的等级排序。尼采在1885年写道:

在一个仍然开放的体系中,面对开阔、一望无际的视野,与处在一个教条化的世界中相比,需要完全不同的力量和流动性,才能够让自己站住脚。达芬奇高于米开朗基罗,而米开朗基罗高于拉斐尔。(34[25],11.429)

通过这三位艺术家,尼采找到了他的哲学思考的不同阶段:[94]尼采论绘画文字最多讨论的是拉斐尔,特别是他的《西斯廷圣母》,认为尽管有着明显基督教的外表,它却"以一种灵巧的方式骗过了他那些虔诚的观众"(《人性,太人性》下卷,"漫游者及其影子"75)。米开朗基罗"从新价值出发认识和感受立法者问题,同样还有首先必须'克服英雄'本身的胜利终结者的问题;上升到最高阶段的人,也被提高到他的同情心之上,辉煌地、带着纯粹的神圣性,无情地摧毁和消灭异己者";但是他已经在通向过于戏剧性的巴洛克艺术的路上跑得太远。只有达芬奇,他"已经看到广大范围的好的和坏的事物",其"真正超越基督教的眼光"出类拔萃(《未刊文稿》1885,34[149],11.470f.,校样)。丢勒作品中引起尼采兴趣的主要是《忧郁》和《骑士、死亡与魔鬼》这两幅著名的铜版画;在那位"身披铁甲,目光炯炯,不受他的可怕伴侣干扰,尽管毫无希望,依然独自一人,带着骏马彪犬,踏上恐怖的征途的骑士"(《悲剧的诞生》20,1.131)身上,尼采首先认出了叔本华,然后认出了他自己。但是,最让尼采着迷的是"洛兰式的欢乐";当他的目光越过古老的田园风光眺望大海,看到大海在朝霞和薄暮下以千百种色彩闪烁,他感到了令人心醉神迷的沉静:"英雄-田园诗的景色现在是我的灵魂的发现。"(《未刊文稿》1879,43[3],8.610)然而,尼采也赞美在他那个时代引起强烈反响的德拉克罗瓦的精湛技艺,赞美他"拥有通向一切诱惑、引诱、强迫和颠覆之物的可怕道路,[……]渴望陌生之物,异域之物,巨大之物,纠结缠绕之物,自相矛盾之物"(《善恶的彼岸》256)。在建筑方面他同样受到布克哈特的强烈影响,[95]并再次反映出布克哈特对文艺复兴的偏爱。尼采希望成为——虽然在这里完全是在他的哲学思想的意义上——"认知者的建筑师",

> 安静,宽敞,广大的沉思的场所,附设的高大长廊,适合任何天气,无车马之喧,无喊声盈耳,即使是神父的大声祈祷也不允许,也不能为这建筑的高雅神韵所容。[……]但愿我们能让自己化为植物和砖石,而当我们信步在这类大厅和花园中时,我们犹如徜徉于我们的内心城府。(《快乐的科学》280)

尼采称威尼斯的圣马可广场为他"最美的书房"(《道德的谱系》III 8),布鲁内莱斯基(Brunelleschi)的佛罗伦萨皮蒂宫,布克哈特已将其看作世俗建筑艺术的高峰,尼采则称其为"伟大的静穆"的范例,"强力之能言善辩的形式"(《偶像的黄昏》,"一个不合时宜者的漫游"11)的范例。

八

根据记载,尼采不止一次开始然后又放弃从头学习自然科学和医学。一方面,尼采重视严格的有方法的研究("物理学万岁!"《快乐的科学》335),另一方面,他又认为它们建立在未经言明的形而上学假设的基础上("我们要小心!"《快乐的科学》109;参《快乐的科学》344 和 373)。他还在自然科学和医学中为他的哲学思考寻找佐证。在以拉丁文和法文出版的博学家、外交家和抒情诗人博斯科维奇(Roger Joseph Boscovich,克罗地亚人,尼采以为他是波兰人)的思想中,在他对于作为最后给定的原子和法则的怀疑中,以及在他对于不断新形成的诸力中心之不停争执的力的触发的概念(尼采称之为"权力意志")中,尼采找到了自己的同道;通过作为医生从业和努力追求科学知识的迈尔(Robert Mayer)及其能量守恒定律,尼采为他的永恒复返,以及同样为他所拥护的力的释放的思想,寻找所谓的[96]科学证明;通过福格特(Johann Gustav Vogt)的著作《力,一个真正一元论的世界观》,拒绝某种绝对的力的平衡,以及拒绝人们必须或者相信一种循环过程或者相信一个上帝的观点;通过解剖学家和"进化机制"奠基人卢克斯(Wilhelm Roux),认为甚至在最小的有机体即细胞中发现同样存在着不断改变的力之关系,因此细胞只有在某一力支配其他所有力的情况下才有其存在。不过,尼采的哲学思考所经历的最深刻的影响来自达尔文的进化论。朗格也同样热烈支持进化论。虽然尼采并没有非常准确地理解进化论的全部含义,但他确实只是反对对进化论的狭义的解释,特别是与其相关联的道德和社会达尔文主义("反达尔文";《偶像的黄昏》,"漫游"14)。尼采从达尔文进化论中得出了至关重要的哲学结论:人们再也不能从一个自在和永恒存在的一般出发,而永远只能从一个个体出发,这个个体与另外的个体一起,重新产生一个更新的个体,简言之:所有生命和所有生命意义都是"流动的"。

九

(当时)方兴未艾的心理学、一神经病学和精神分析治疗学越来越多地吸引了尼采的注意力。尼采阅读最新出版的著作,诸如莫兹利(Henry Maudsley)的《精神疾病的可矫正性》,克劳斯(August Krauss)的《犯罪心理学:一篇内省心理研究论文》,布尔热的《当代心理学新论》,司汤达、勒南、丹纳、波德莱尔、福楼拜等人用巧妙的心理小说描写的人物特写,高尔顿(Francis Galton)的《人类能力及其发展探讨》,以及最后菲勒(Charles Féré)的《退化和犯罪:生理学论文》。[97]凡此种种都支持尼采将心理学与生理学紧密联系起来,这种联系在病理学事例中能够最清晰地被辨认出来。此外,同样特别在法国得到讨论、可以追溯到布雷德(James Braid)的《催眠学,或联系动物催眠考虑的神经睡眠原理》的催眠实验,在尼采的著作中留下了明显的影响(参《快乐的科学》361等)。

四 尼采的哲学写作形式

[98]为了传达自己的哲学思考,尼采不断创造出不适合传统分类概念的新传达形式,不断重新赋予这些概念以新性质;从来没有其他大哲人像他这样,为了形成自己的哲学写作风格而需要这样多新铸造或创造出来的形式。按照编年顺序来说,尼采的芮启尔学派训练的语文学论文仍然是传统的和学术的,就尼采来说是特别不带感情色彩的,但在这之后有:

——从特里伯辛的瓦格纳-牧歌出发而上升到心醉神迷高度的专著(《悲剧的诞生》);

——呼吁文化提升、确立将时代的科学和教育置于尖锐批判下的风格和新的"伟大"之标尺的散文(《不合时宜的沉思》);

——包含对全部欧洲科学、哲学和文化的一种历史的和系统的批判,以及开启一种贴近生命面向未来的文化、哲学和科学的定向的格言体著作(《人性,太人性》,《快乐的科学》,以及后来的《善恶的彼岸》);

——翼护某些格言体著作的诗和诗集(《人性,太人性》上卷中的"一个尾声""在朋友们中",《快乐的科学》中作为补充的[99]"玩笑,诡计和复仇",以及"自由鸟王子之歌",《善恶的

彼岸》中的"尾曲""来自高山之上");

——史诗-戏剧-抒情诗式教育诗(《扎拉图斯特拉如是说》);

——被压缩到一个单独句子长度的箴言中所包含的观点(分散在《人性,太人性》中,在《善恶的彼岸》中汇聚为"格言和间奏",在《偶像的黄昏》中汇聚为"格言与箭");

——为未写成之书,特别是为已经问世和新写就之书所作的序言(《为五篇未写就之书所作的序言》,为《悲剧的诞生》《扎拉图斯特拉如是说》《朝霞》和《快乐的科学》所作新序言,为《善恶的彼岸》《道德的谱系》《瓦格纳事件》《偶像的黄昏》《敌基督者》和《瞧这个人》所作序言);

——热情洋溢、光芒四射的格言之书(《快乐的科学》第五卷);

——具有"世界历史性"争执意义的、摊开欧洲道德的非道德根源的系列论文(《道德的谱系》);

——作者对"世界历史性"伟人的诉状(《瓦格纳事件》);

——箴言式崇高风格、将欧洲哲学的基本问题极端尖锐化、将其浩瀚体系浓缩为一个寓言的格言之书(《偶像的黄昏》);

——力图成为对欧洲宗教传统的一种宗教性谴责、一种"诅咒"的论文(《敌基督者》);

——个人思想的谱系(《瞧这个人》)以及最后

——献给狄俄尼索斯神的酒神颂歌集(《狄俄尼索斯颂歌》)。

除了这些面向书籍市场,为广大读者而构思和写作的形式外,尼采还为他自己写作(未刊笔记)和为某些特定个人写作(书信);随着时间的推移,这方面的材料也愈来愈多地被包括在尼采的文集中。写作形式对于尼采的哲学思想本身来说并不是外在的东西。尼采总是同时思考二者:借助彼此不同的写作形式,[100]彼此不同的思想观念乃形诸语言。尼采不仅从一开始就认识到,并非每一个人都有能力理解他,并非每一个人都愿意理解他,而且主动利用"风格的精微法则"在读者中"选拔",对读者进行挑选(《快乐的科学》381)。如果无论如何,尼采仍然希望被理解,他就必须在传统的、仍然被过去的价值、过去的视角支配的语言中,表达他的价值重估和视角颠倒。但是,尼采却从中逐渐发展出一种新的、需要不同理解的语言,同时自愿承担由于使用这种语言而变得永远"属于"少数人的风险。由于强调哲学思想的个人性,尼采创造出个人与个人之间的哲学沟通形式。尼采不是将自我封闭的思想过程体系化,而是力图(1)一方面将哲学思考在文本上孤立化,以及(2)另一方面同时将其语境化(因为他主要写作格言),以及追求(3)哲学思考的戏剧化,以及(4)哲学思考的人格化——尼采表演哲学思想的个人性关键过程,以及(5)从固定不变的概念术语走向哲学思想在隐喻中的流动化,以及走向(6)其音乐性的改写。在他那并非为其他人写作的笔记中,尼采(7)在特别的孤独状态下进行哲学思考,对于这种孤寂状态,他(8)有时在写给特定个人的信件中,当他向其他个人亲自报告他的哲学思想过程时,有所透露。我们在此主要描述尼采哲学写作的三种典型形式:格言之书,教育诗歌和歌曲。

一 文本的孤立化

尼采与叔本华的形而上学分道扬镳,走上独立的哲学之路,他通过《人性,太人性》的写作,坚决采取了格言的形式。最初,对于接下来的《不合时宜的沉思》,他只是说《附录》将由格言组成(N 1876,16[12],8.290);随后,他开始构思一部独立的格言之书[101](N 1878,30[2],8.522),但仍然没有赋予这一概念以任何重要意义。

这是格言!这不是格言吗?——让那些不怎么思考并因此需要为自己请求原谅的人指责我吧——我不需要为自己辩护。(N 1880,7[192],9.356)

他只能采取简短的形式,因为"病痛折磨的大脑"使他什么时候都只能"偷取""片刻零散的时光",努力将他在漫长散步过程中汇聚起来的笔记整理成清晰可理解的形式,"头和眼睛"使他只能采用"可诅咒的电报文体"(1879年5月写给科泽利特的信,KSB 5.450以下,以及1879年11月5日的信,KSB 5.461)。然而,即使在这种情况下,尼采也很快从他的困境中找到了一种美德:随着格言的生理上必要性而来的是对于格言的文学意义的认识,以及随着对格言的文学意义的认识而来的是对格言的哲学意义的认识。在尼采看来,格言是一种尚未固定的文体类型;是格言的经常不被称为格言,而被称为格言的经常不是格言;格言跨越从句子到文章再到长篇论述(就像叔本华的《人生智慧格言》那样)之间的广阔范围。就字面意义来说,"格言"意味着"划界,留白"。(首先,)格言突出的特点是简洁,精辟,有力,言有尽而意无穷。格言因此为解释留下了游戏空间——不同个体之间进行特定哲学思考的第一个前提条件。(其次,)格言将格言所说的东西极端尖锐化,造成出乎意表、令人震惊的效果,从而使概念从其惯常语境脱离出来,可以自由地进入不同的语境。格言因此消除了形而上学家抓住不放的体系形式,指向一种新的定向,并揭示了这种新定向的支点。因此,格言是一种天生适合价值重估的形式——个体间哲学思考(inter - individuellen Philosophierens)的第一个条件。通过其语言艺术,格言带领我们进入了一个"迷宫",在这个迷宫中,没有预先给定的原理,没有预先假定的方法,[102]以及因此同样也没有对普遍有效的结果的期待,人们在其中只能独自求索他自己的道路。对于在这条道路上的某个地方迷失的人们,格言邀请他们进入他们自己的思想的冒险,这种冒险完全没有保障,结局永远开放。尼采自己在笔记中写道,

> 例如在我的格言之书中,在简短的格言之间,在简短的格言背后,站立着完全被禁止的事物和思想的漫长锁链;其中一些,俄狄浦斯和他的斯芬克斯也许会饶有兴味的。(N 1885,37[5],11.579)

一句话,格言不喜欢说教。它所做的正好相反。当格言谈论什么,它要言不烦,引人思考,因此是意味深长的追问方式。但是,格言因此对应于"世界",正如我们所看到的"需要无尽的解释"的世界。因此格言可以被认为是哲学写作的唯一现实和诚实的形式——一种个体间哲学思考的第一个成果。假如人们"这时仍然渴望按照过去的方式,将这个浩瀚的未知世界,转眼之间加以神化"(《快乐的科学》374),格言形式也会妨碍人们实现他们的这种渴望。因此,(第三,)格言是独立的,对未来更开放,远超出格言所陈述的。格言由一个个孤立的、自为的和直接照亮自己的思想组成——在尼采看来,这方面的典范是帕斯卡尔的《思想录》(参 N 1885,35[31],11.522)。虽然信仰上帝,却并没有走上形而上学体

系的道路。格言和警句,即由一句话组成的格言,按照尼采的说法,仿佛是"'永恒性'的形式"。格言静止不变,但它所引发的解释不断变换;格言简明地概括时代的思想,同时却不会使思想重新变成形而上学。尼采知道,他是这方面的"大师",格言是他的法宝:

> 我的野心是,用十句话说出别人用一本书说出的东西——说出别人用一本书没有说出的东西……(《偶像的黄昏》,"一个不合时宜者的漫游"51)

时至今日,[103]格言这一概念被尼采的格言打上了烙印,没有哪个哲人的格言像尼采的格言一样被人们这样乐此不疲地引用。

二　文本的语境化

尼采在精心创作的格言之书中将自成一体的格言重新汇聚起来,自己建立由格言组成的语境。较长篇幅的格言——尼采越来越多地写作较长的格言,最后甚至长达几页——具有极其丰富的透视性,以至于打开了向四面八方伸展的前景,指向其他不同的格言,包括邻近的格言和相距遥远的格言,并要求与这些不同的格言联系起来。这些格言在其自己的文本语境中大多已经结合了不止一个主题,并通过与其他格言连接,形成了主题链(thematische Ketten),而尼采会再一次巧妙地将这些主题链编织起来。因此,我们看到的是用不同主题紧密地编织起来的一个东西,其中的格言允许人们从变换的角度进行解释。用主题链编织起来的东西将主题之间的互相依赖直接而生动地呈现出来,同时赋予格言之书以结构。然而,主题会越过单个格言之书,在不同的格言之书之间重新形成连结,因此互相提供了更多的理解帮助。格言形成的早期文献阶段,未刊的笔记和信件,以及最后还有尼采著作之外的无数思想来源,对今天的读者来说,构成了一层更广泛的语境联系。每一个进一步的语境联系都可以开启文本理解的新观点。并且,这一点又尤其适用于定向。格言用来支撑自己的支点,无论是地理特征,还是语言符号,或者自然法则,如果人们希望在变换的形势中能够用它们来开始点"什么"的话,那么,它们应该都能展开并且必须能够展开一个解释的游戏空间。它们能够明确地进行定向,并非因为人们封闭它们的解释空间,并完全无视它们同时去语境化的事实,而是因为人们不断限制其解释的游戏空间,按照在每一处境[104]必要的程度上将它们同时语境化。尼采在格言之书中对于格言的孤立化和语境化采取了日常定向的已经被证明的方法。人们通过格言自我定向,就像通过支点自我定向:这些格言是独立的,但人们并非让自己完全依靠格言,这些格言从来不是完全明确的,只有在其互相指示中,它们才成为足够明确的;它们教导的不是普遍有效性,而是按照每个人自己的方式,根据他在其观点下所生产的关系,对每个人进行定向。格言按照人们对格言的理解而呈现其面貌,因此,对他来说从来不是永远不变的;在新的形势下和从不同的观点观察,他可以对格言有不同的理解。因此,格言永远对未来开放着。尼采的格言之书,作为格言之书,从来不是毫无保留地写下的(他也完全没有将它们安置在一个基础上),他以这种方式给他的读者留出了空间,使他们可以自由地按照他们自己的方式进行语境化。尼采给予他们的定向就是让他们自己定向。尼采就是这样看待他自己作为作家的"使命"的。

　　尼采自己就使这一定向处于动态之中。在其一系列格言之书中,尼采总是不断重新思考他的思想,将它们移动到不同的语境中并因此发展这些思想。在他的著作中,没有什么是完结的,没有什么是最终的。虽然他曾年复一年地致力于一部决定性的和最终的"主要著作"的计划(WA 7,6.26),但他最终还是放弃了这一计划。所谓完成和终极性乃是与时间脱节的体系的标志,并因此是"诚实方面的缺陷"(《偶像的黄昏》,"格言与箭"26)。如果单个的格言是"永恒性"在写作上的形式,那么,将格言连结起来的格言之书就是时间性在写作上的形式。它使解释过程和定向保持动态。

[105]尼采的语境化也是多样化的。可以艺术性地加以分类:诗性的、音乐的和造型的。从诗性来说,尼采会改变和置换主题及其重要性(主要问题变成次要问题,而次要问题变成主要问题),在漫长的"合理"、清晰的过渡之后,他会突然转向中间环节,会让具有严格关系的主题之间松散开来,会突然对读者说起话来,或者会突然开始表演对话和自言自语,一会儿说得斩钉截铁,一会儿又说得疑问重重,在有些地方清晰明白,而在另外一些地方则神秘莫测。从音乐性来说,尼采变换不同的速度(例如,"急板""慢板""断奏",N1885/86,3[18],12.175)和音调(从叙述的、严肃的、充满激情的到反讽的、欢快的和冷静的),以及使主题在单声部—和声和多声部—对位的结构中变换。对于所有这些方面的研究几乎还都付诸阙如。从造型性来说,尼采与在他之后很快就会流行起来的绘画中的立体派画家类似。像立体派画家一样,尼采放弃了对于中心透视的幻想,而在改变了的、转动过的和出乎意料地新创造出来的不同视角下描述他当时想要描述的对象,在每一种透视下都可以看到一个对象,但却不是作为一个唯一、更真实的对象,从而使我们看到这一对象所能具有的透视的丰富性。多重视角的观察乃是更复杂的观察,其所给出的对于现实的描述更细致也更令人信服,非根据局限于一种观点的系统化的把握作出的描述所能及,特别是当这种描述自以为是唯一真实的描述而要人们接受时,就更是如此。人们当

然也可以简化透视,重新将尼采的哲学思考整理为一个体系。但这是每个进行整理的读者自己的体系,而不是尼采的体系。

三 戏剧化

在《扎拉图斯特拉如是说》中,尼采戏剧化地传达他的哲学思考,表演了一个情节,其中一个来自远东、超出所有其他人物之上、作为神话和历史人物的宗教创始人,有时用对话的方式,[106]有时用独白的方式,大声说出他的"教导",结果却显然是失败的。尼采让他的扎拉图斯特拉自觉地"下降",同时也将其从一种个人困境中解救出来。扎拉图斯特拉必须教导,因为他在十年时间里,在高山之巅的孤独中,在他的内心里汇聚起来的智慧"充溢",再也不能像过去那样保存在自己心里了(《扎拉图斯特拉如是说》,"前言"1,4.11以下)。扎拉图斯特拉将像太阳一样赠送他的智慧,并因此创造新的生命。扎拉图斯特拉显然不会因此就成为今天意义上的好教师。然而,扎拉图斯特拉却是一个具有无限权威性的教师——对于拥有权威性的人来说,不能问他们根据何在,而人们永远不能问扎拉图斯特拉关于根据的问题:

> "为什么?"扎拉图斯特拉说,"你问为什么?但我不属于那些人,对那些人,人们可以问他们为什么。"(《扎拉图斯特拉如是说》II,"论诗人们",4.163)

扎拉图斯特拉因此放弃了一切论理性的根据和系统性的关联,相反,他用宗教色彩的语言热情洋溢地大声说出他的教导。所以,它们与其说是教导不如说是启示。扎拉图斯特拉显然通过他的"风格的法则"而"选择"他的听者,作为教师"下降",以及作为"认识者"

去获得胜利(《扎拉图斯特拉如是说》III,"漫游者",4.194)。他不再假设人都是一样的——只要人们对他们讲得足够清楚,就一切都能听懂——而是针对不同的困境,由于这些各不相同的困境人们或者愿意或者不愿意接受教导。当他这样做时,他是从一种尽管高超但是不再位于彼岸的立场(先验的或超验的立场)出发的,他的听众乃是通向他的认识的必然性高峰的"台阶",虽然他从来没有获得过一个这样的听众:市场上的民众,当他发表他的超人教导时只会报之以哄笑(《扎拉图斯特拉如是说》,"前言");那些年轻人,他们与他结交,而当他对他们阐述关于权力意志的生命教导时,他们误解教导(《扎拉图斯特拉如是说》I 和 II);还有他那时仍然留在身边的动物,[107]它们将他的"永恒复返"的"深渊似"的思想(《瞧这个人》,"扎拉图斯特拉"6)编成了"手摇风琴曲"(《扎拉图斯特拉如是说》,"康复者"2,4.273);那些"高人们",他们自己已经获得了一种高级教师权威,却仍然离不开一种最高权威,最后求助于一头驴子(《扎拉图斯特拉如是说》IV)。因此,扎拉图斯特拉和他的认识在每一个圈子里都一直是寂寞的。通过他的形象,尼采戏剧性地展示了似乎是所有教师的命运的失败,以及哲学思考的(内在)个人性。

四 个人化

尼采在其系列格言之书中还将他的哲学思考予以个人化。尼采力图在"写作风格"中重新获得"言说风格",通过"演说家才拥有的那些""表达艺术"来丰富它:"手势,重音,语调,目光"(《人性,太人性》,"漫游者及其影子"110)。尼采基本不再指望一种特有科学术语体系("哲学术语的替代词:尽可能德国化和形式化地加以构造。"N 1887,9[115],12.401),相反,他赋予常用词汇以新的重量

(例如,"创造"、"赠予"、"权力意志","超人"),使用当时尚未成为习惯的复数构词("诸可欲性""诸未来""诸道德""诸文化"),嘲讽性的变形(例如"庸俗化""爱国狂热""叔本华狂热"),重估构词(例如"理智之痛""困境真理")等等;这方面的研究仍然处于开始阶段。① 此外还有有意为之的语法上的旁逸斜出,看起来没头没脑的想法,敲边鼓,恶声恶语,半句话等等,都是一切日常谈话的特征。在其格言之书中,尼采利用"口头谈话的天然的不完美性"创造"完美的诗意的音乐性",他"与其什么都没写,宁可随便写"。②[108] 通过谜语和比喻,尼采不断使读者认识到,他们必须一起思考,一起解释,一起猜谜。尼采还亲自表演哲学思考中的决定性过程,将普遍化概念与个人经验联系在一起,用专有名词来缩写思想,但尤其是他让自己投入游戏,自我"出丑"(sich kompromittiert),以便他的读者们,由于对他的文本不可避免的理解不够,在他这里亲自"出丑"。由于尼采文本的不可穷尽性和无基础性,对他的科学解释任务首先在于,找到一种系统性的解释,以便可以通过这一解释让自己以某种方式开始。迄今为止,每一个人都因此自我"出丑"。每一个人都使人昭昭:他是如何解释尼采的。这种互相出丑最尖锐地推动哲学思考的个体间性(die Inter‐Individualität des Philosophierens)的发展。

---

①参 Richard M. Meyer,"尼采的构词"(Nietzsches wortbildungen),见 *Zeitschrift für deutsche Wortforschung* 15(1914),页 98–146,以及 Peter Pütz,《尼采》(*Friedrich Nietzsche*),1975,页 41–46。

②Heinz Schlaffer,《不羁的词,尼采的风格和后果》(*Das entfesselte Wort. Nietzsches Stil und die Folgen*,München 2007),页 83。

五　哲学思考的流动化

　　语境化、戏剧化和个人化使尼采的哲学思考处于不停顿的运动之中。这也包括尼采对概念的使用。尼采一般不界定他的概念,但却在新的语境中对概念重新加以界定。("所有对全过程进行了符号式压缩的概念都逃避定义,只有那些没有历史的概念才能够被定义。"《道德的谱系》II 13)尼采将看来固定不变的概念看作是一些活动中的隐喻,可以持续地发送出其含义。在其早期未刊论文《论非道德意义上的真理与谎言》中,尼采明确地阐述了这一观点。这一观点在很大程度上变成了尼采成熟哲学的核心。尼采在这篇文章中认为"形成隐喻的冲动"乃是"人类的根本冲动"(1.887),而将"像骰子一样僵硬和笨拙,也像骰子一样可以搬动的概念"看作是"隐喻之残余"(1.882)。哲学和科学如此引以为自豪的概念形成,[109]因此乃是艺术,是

　　　　化知觉隐喻于图式和融形象于概念的能力。因为这些图式的世界使之成为可能的东西是活跃的原初印象永远不可企及的:一个等级金字塔制度的建设,一个尊卑上下界限分明的新世界的创造,这个新世界高居于活跃的原初印象世界之上,比当下知觉世界来得更稳定、普适、广为人知和人性化,因而就成了一个发号施令和必须服从的世界。(1.881 以下)

尼采使"这座无限复杂的概念大厦"重新建造在一个"流动的基础"上,成功地表明这一建筑物是如何"好像是建筑在流水"之上,

　　　　为了能够在这样一种基础上立足,[……]建筑必须用蛛

丝那样的材料做成,既精致得足以随波逐流,又结实得不致迎风折断。(1.882)

它必须给概念的运动留出运动空间;"形式"必须如尼采后来所说的那样一直是"流动的",而"意义"更是如此(《道德的谱系》II 12)。除了流动的隐喻之外,尼采为此还使用舞蹈的隐喻:舞蹈,在尼采眼中,乃是一种伴随音乐的律动,一种伴随"生命之音乐"的律动(《快乐的科学》372)。尼采让他的扎拉图斯特拉说道:

> 世人必须在自身中留有混沌,以便能够生出跳舞的星星。我告诉你们:你们自身中还留有混沌。(《扎拉图斯特拉如是说》,"前言"5)

尽管一个跳舞的星星遵循一定的秩序,然而其运动来自其自身的摆动,并在其自身中获得了支撑。当然,这种运动也可能偏离自身,耗尽自身和突然中断。

六 哲学思考的音乐性改写

尼采寄望他的文本于"第三只耳朵",希望它们可以听到"在每个好句子下隐藏"的"音乐"和"艺术":

> [110]若要理解句子,就必须明白这种艺术!例如,误解了句子的节奏的人也不能正确理解句子本身。人们必须拒绝对于韵律上的关键音节的怀疑,人们必须觉得带有极端严格对称的中断是精心为之的和迷人的,以及人们应该细心和耐心地倾听每个断音和每个自由节拍,在元音和复合元音的系列中找出

意义,弄清楚它们的相继出现如何精致地、丰富地赋予它们以色彩,以及改变其色彩。(《善恶的彼岸》246)

"每一种风格的意义",尼采最后写道,都是一种"通过符号,以及这些符号的韵律,而加以传达的一种状态,一种充满激情的紧张状态",一种仅仅通过语词不足以传达的"内心状态"(《瞧这个人》,"为什么我写下了如此好书"4)。尼采希望通过他的文字,将僵化概念的这一方面足够明白地呈现出来,并用音乐的隐喻来加以概括。否则只有在个人的直接接触中,在表情、手势、姿态和声音及其全部变调中,才有可能看到这一方面,才能从中探测"内在状态"。关于瓦格纳,尼采曾经这样写道,人们会

> 拿不定主意该用什么样的名字来称呼他,是应该称他为诗人还是雕塑家或音乐家,是把上述每一个词在其概念的非同寻常的扩展中来采用,还是必须为他创造一个新词。(《瓦格纳在拜罗伊特》9,1.485)

并最后承认,其中存在的是一种他自己的"符号学"(《瞧这个人》,"不合时宜的沉思"3)。尼采希望全部《扎拉图斯特拉如是说》被看作是音乐(《瞧这个人》,"扎拉图斯特拉如是说"1):其语言风格("因为激情而战栗的诗句;音乐一样雄辩;闪电,朝着迄今无人知晓的未来迸射。"《瞧这个人》,"扎拉图斯特拉如是说"6)像四乐章交响乐一样由四部分组成(致欧维贝克的信,1884年2月6日,KSB 6.475;参CPJ2.211-221),特别是其中的歌曲。尼采的扎拉图斯特拉越是找不到听众和不被理解,尼采越是让他"歌唱":

> 如果你不愿哭泣，不愿通过哭泣来减轻你那紫红色的忧伤，那么，[111]你就必须歌唱，哦，我的灵魂啊！(《扎拉图斯特拉如是说》III，"伟大的渴望"，4.280)

扎拉图斯特拉将歌从学说中解放出来。在歌中，语言自我满足，找到了一条通向自我完成形态的道路。人们可以为自己唱歌。如果有别人听到，他们可以与之共鸣或不与之共鸣，可以重复也可以不重复，同时无需因此就确信什么或被教导什么。歌敞开而自由。康德对此显然看法不同。在康德看来，音乐乃是最不让人自由的艺术(《判断力批判》，B 221 以下)。然而，只有在它从生命的声音和旋律中没有找到共鸣时，音乐才不让人自由。音乐可以造成分离，正如音乐可以导致结合。扎拉图斯特拉独自歌唱，同时也与别人一起歌唱，首先在驴子节上唱午夜之歌("人啊，仔细听！")，然后与"高人们"一起唱歌(《扎拉图斯特拉如是说》IV，"夜游者之歌"，4.397－404)。如我们已经提到的，尼采将扎拉图斯特拉之歌从史诗和戏剧的情节中解脱出来，重新加工它们，作为他的最后的著作，并以《狄俄尼索斯颂歌》为名出版。

七 哲学思考的个人孤立化

1887 年秋天，尼采在多次明显修改之后，撰写了一篇前言，开头这样说："一本仅仅为了思想的书：这本书仅仅属于那些以思想为乐的人……"然后，尼采指责"求体系的意志"，包括他自己的求体系的意志("我不信任一切体系和体系制造者，并离开它们——也许人们在这本书[！]的背后仍然会发现我所回避的体系……")最后，

> 我不再关注读者——我如何能为读者写作？……我为我自己记录自己。(N 1887,9[188],12.450,据 KGW IX.6,1 校订)

尼采只能在一定程度上忍受为了其他人写作的风格,他经常返回到他的笔记本中。尼采为了他的著作而使用大部分笔记,但是几乎没有什么笔记以他最初记下来时的那个样子出版。尼采经常对许多文本不辞辛苦地进行加工,[112]拆分它们然后又重新组合它们。有些笔记,尼采完整地加以保留,或者因为这些笔记是临时性的,或者因为是根本性的,或者是因为他认为似乎还不到出版的时候,或者是因为他认为读者对此还不够成熟。属于这种情况的,包括永恒复返的著名"自然科学"证明,永恒复返和权力意志以及虚无主义的关联,以及虚无主义的分类,对于种族和培育的阐述,还包括不那么为人关注的一些研究:情感、思想的现象学,符号哲学,解释哲学。在这些笔记中,尼采进行哲学思索,而通常无需顾及与别人沟通他的哲学思考的问题,因而这些笔记看上去就像人们所习惯看到的形而上学家的体系。因此,在他的这些笔记中同样能看到一种形而上学,尤其是权力意志的形而上学,而彼得·加斯特受尼采妹妹的委托编辑的未刊手稿,名为《权力意志》,赋予这种形而上学以一种体系的形态,以至于甚至通常知道如何悉心阅读的海德格尔也相信了(参本书第五章第五节)。但是,比较这一表面上的形而上学的拱心石,即《权力意志》第 1067 条,与尼采正式出版的《善恶的彼岸》第 36 条,就可以清楚地表明,对于所有看起来是教条性和形而上学性的东西,尼采是如何明显使其回撤到批评性假设的位置的。尼采为自己所记录的笔记,不应该与尼采的正式著作一样看待,更不用说放到比正式著作更重要的位置上看待。KGW 中新的一编所收 1885 年之后未刊手稿新版表明,这些手稿根本不是正式文本,甚至也不是正式文本的残篇,而是正在形成过程中的著作。尼采的笔记完全不是最后定论,因此也不应该被当做尼采的最终看法来看待。相反,它们"仅仅在某些特殊情况下才表明一种文学形式已经存在",[113]并因此对尼采思想的"反射程度"比尼采自己出版的著作更小。① 关于未刊手稿与正式著作之间的关系的分析从整体上说仍付诸阙如。

八 哲学思考的个人性传达

尼采的书信提供了他的哲学写作风格的最后一种形式。尼采给某些特定个人写信,其中大部分是写给他的朋友、亲戚、出版者的,但最后越来越多地也写给"传播者",尼采希望他们能够在他们的层次上传播他的哲学思想。尼采在此,如所预料的,将他的哲学思考最强烈地与他的生平联系在一起。然而,在这样做的时候,尼采却很少谈论他的思想,因为他很快就看到,他在他的朋友们那里得到的理解是多么少。与此相比,尼采更力图为出版者提供一个关于自己的"概念"(Begriff),以便他们有可能用这个"概念"来推广他的作品。这给他带来了长期持续的负面影响,而关于这种影响,他自己也可以说是咎由自取。因此,就像他笔下的扎拉图斯特拉一样,尼采有时也跃跃欲试,亲自出马传播自己的思想,而结果也和扎拉图斯特拉一样,铩羽而归。

---

① Claus Zittel, "Nachlass 1880–1885"条,见 NHB,页 138 以下。

五　尼采对男男女女读者的期待

一　对于哲学惊奇的耐心

[114]尼采在两条直白的格言中明确说明,应该怎样读他。这两条格言写于同一时间,即1886/1887年。在为《朝霞》重新撰写的前言的最后一段格言中,尼采要求读者学会耐心地阅读他的著作。对于他所要说的东西,他说得"慢",并且希望人们也读得"慢"。对于每一个"急急忙忙"的人,尼采都宁可让他们绝望。只有让自己"闲下来",埋头阅读他的作品,欣赏"细致、小心的工作"的读者,才能作为读者被接受。尼采所谓"细致",指微妙的区分,区分的区分,直到最精细的"几微"(Nuancen),这种"几微"已经不再产生概念,而是"趣味"的区分。"小心"指对于惊奇的预计,尼采将惊奇与"工作"置于张力之中,带着"匆忙"从事工作的人,希望"一下子干掉所有事情",对惊奇没有兴趣。与此相反,尼采自己所出身的语文学,却不让"任何东西这样轻松地从手上溜走",不是紧紧盯着完成、确定、结束,而是追踪"隐秘的思想",保持"大门"敞开,以便可以适时看到门后其他的、意料之外的东西。他们不仅仅用"眼睛"阅读,而且也用"灵巧的手指"阅读,用身体和感官感受语词的魔力,同时[115]向新的东西、令人惊奇的东西敞开自己。尼采寄希望于这种"完美的读者和语文学家",因此,我们必须"学会"阅读他。

二 对哲学惊奇的勇气

作为上述格言的孪生格言,写作时间比上述格言仅仅晚一点的《快乐的科学》第五卷第381条格言"可理解性问题"也可以这样来读。格言涉及尼采文本之"简短"。简短是由于"事情本身"使然,是由于思想的"羞怯和敏感"。人们就像在洗冷水澡时一样,只能在瞬间碰一下它们就缩回来——它们是"真理",人们对其只能要么惊奇,要么不去碰它们。因此,尼采作品的读者不仅需要耐心等待语文学上的惊奇自己出现,而且还需要具有哲学上的惊奇的勇气。对自己的思想提出质疑的勇气,这在"任何人"身上都是更少见的,比耐心还要少。尼采要求他的读者的哲学上的惊奇,给习惯的思想方式带来危险,导致了一种"困境",不仅是思想上的困境,而且是生命上的困境(《快乐的科学》345),事关自我保存。生命上的必须既不是真的也不是假的,它们为思想划定界限,在这之后思想才会致力于科学上和逻辑上的必然性。它们决定了思想推论的游戏空间。这一空间越是狭小,人们就越是难以理解尼采。尼采——他自己写道——也不想毁掉任何人的"清白",相反,对于所有只能在哲学的"清白"中生活的人,他甚至"鼓励"他们这样生活。他不希望被"蠢驴"和"老处女老处男理解"。这些人不理解他,这些人必然不理解他,这说明他的"风格"行之有效了(参本书第四章)。谁受不了他那有生命危险并且只是在瞬间划过天空的"真理",谁就应该立刻转身离去。在这方面,尼采并没有按照科学习惯向他们提供保证,[116]他完全放弃了科学的装饰,放弃了前定论题和最后推论,放弃了连贯、有序的严密论证,放弃了文献描述(参本书第三章)和在研究领域中的定位,放弃了与异常研究观点的学术争鸣(相反,他在大多数时候投身战斗),放弃了注释以及甚至放弃了采用一套固定的术语(参本书第四章第四节)。甚至科学家也可能是——或许正是科学家才可能是——"驴子",可以从一开始就拒绝成为"冒险者",冒险者对他们的习惯来说是令人不安的。尼采的危险的真理,一直被大多数人,包括尼采专家们,认为是冒险性的并因此被拒绝;对于尼采的哲学惊奇的勇气一直是稀少的,稀少到同样令人惊奇的程度。

三　放弃稳定的存在状态

因此,尼采要求,人们应该将两条格言合而观之,将阅读的"慢"与思想的速度和"无比轻捷"结合起来。在阅读过程中要做到静若处子,而在思想过程中要做到动若脱兔。带着去惊奇、去冒险、去经历从未想象过的、危险的思想新天地的勇气,放弃一切稳定的存在状态,放弃一切超时间的东西,包括自我理解和自我认识中的超时间的东西,甚至因此放弃了某种可辨认的认识主体之类的东西:

> 我们是我们的陌生人,我们这些认识者,我们自己不认识我们自己。(《道德的谱系》,"前言"1)

在尼采看来,之所以这样,理由在于认识本身。在他们对于知识的追求中,认识者必然忘记他们自己,将他们自己遗落在视野之外,对他们自己来说变成盲目的,为了把知识"搬回家",他们必须淡化他们自己的"体验",为了知识而调整他们自己的体验,因此他们对自己既没有"热情"也没有"时间"。他们对自己一直是"必然陌生的"(同上)。但是,当他们像尼采一样,[117]开始对此进行反思,他们自己也会对自己感到惊奇,看着自己好像是看着另外一个人。对于他自己的哲学思考，尼采也同样毫无保留地这样严肃看待，不断重新对自己的思想提出质疑。在尼采看来，时间离散（Zeitdistanz）的所有收获，都是自我离散（Selbstdistanz）的收获，而自我离散的收获，也是自我批评或自我克服的收获，并因此是哲学思考的游戏空间的收获（《善恶的彼岸》257）。正如对每一个人来说一样，对尼采来说，自我确定至少有时是人生所不可少的，每个人都是一个"驴子"，因此，"克服"乃是自我批判。

四　放弃方法论上的先天

这特别针对学术性的读者而言。一种符合尼采的哲学思考的解释，不仅必须放弃实事上的先天，而且也必须放弃方法上的先天。对于令人惊奇的发现，必须报之以令人惊奇的方法，直到他们对于很多东西都要靠猜才能了解为止，而尼采喜爱让自己被人去猜谜（参本书第九章第三节）。因此，解释也可能一直被文本拒绝，但却完全"清白"地从来没有察觉到它被拒绝。尼采表示"某些解释用心良苦，真让我感激涕零"。至于好朋友们，"他们无疑总是懒散的，并且恰恰作为朋友认为自己有权懒散"，因此尼采"从一开始"就给他们备下"一个误解的游戏空间和操场"——同时用一种侮辱来震惊他们：

> 现在我们甚至可以笑——或者看着这些"好朋友们"就像看着空气——并且还笑。（《善恶的彼岸》27）

因为恰恰是"好朋友们"——尼采给这几个字打上引号——不再能够惊奇，"舒服"地躺在旧的"认识"上，作为尼采的读者躺在他们对于尼采作品的"良好"知识上。恰恰是他们会损害对尼采的理解，

[118]因为他们会信赖他们过去被证明过的方法和程序来进行解释。人们完全可以以"好朋友们"的善意和信赖来读好尼采——这种善意和信赖是尼采不断请求朋友们的——同时却并非躺在这种友好和善意上阅读。如果有人真的相信自己理解了尼采,那么,他最有可能处于误解尼采的危险中。他将不再会为惊奇留出空间。尼采让他的扎拉图斯特拉说:

> 你应当在你的朋友身上找到你最好的敌人。在你跟他敌对时,你的心将跟他保持最大的接近。(《扎拉图斯特拉如是说》,"朋友"4.71以下)

五 放弃体系

尼采显然使对他的解释变得困难。解释只会使他"矮化",因为解释不得不在一定程度上是自我确定的(这也适用于我们这里的尼采解释)。它们作为讨论会论文、博士论文、文章和专著,写作也必须在有限的时间内"完成"。这是解释的"困境"——它必须至少暂时确定其解释。因此,它们从一开始就已经与尼采明确宣布的意图背道而驰。对于那些将尼采的哲学确定为对之或者赞同或者反对的"学说"的解释者来说,更是如此,而最为突出的例子是所有尼采解释者中最有国际影响的解释者海德格尔。海德格尔特别通过将尼采的哲学归结为少数根本学说而产生影响,诸如上帝死了或虚无主义学说,超人学说,权力意志或永恒复返学说;这些学说被从文本向四面八方伸展的脉络中孤立出来,僵化地只具有在一种学说中的意义。海德格尔希望在尼采哲学中看到一种传统的体系,可以用传统的方法对其进行分析,而极大忽视尼采哲学写作风格的各种重要形式,将其解释为"自我迷失的"形而上学[119]。①但是,甚至尼采笔下的人物扎拉图斯特拉与这些学说也并非体系性地联系在一起的,尼采最后还是让扎拉图斯特拉在这些学说上失败了;只是到了非常晚的时期,当尼采尝试所有手段,试图即使不被理解,至少也要被倾听时,他才开始将自己与超人学说和永恒复返学说等同起来。米勒-劳特特别认为,根据尼采文本,所谓权力意志概念,并非一种形而上学原则。②

六 放弃指责含混

尼采的哲学思考有时会不符合解释者的期望,因为他们必须为自己的解释获得某种确定性,而尼采的哲学思考无法满足这种确定性,这时人们就会指责尼采含混不清;含混不清指责已经成为尼采研究中的教条。然而,无论对于其他人的含混不清,还是对于尼采自己的含混不清,尼采都不能容忍;无论在生活中,还是在写作中,他都希望成为可"确切"说明的;基督教和瓦格纳的迷惑性的含混不清是他所指责的(《快乐的科学》346;《道德的谱系》III 4)——只有"狄俄尼索斯,那个伟大的歧义和诱惑之神",是个例外(《善恶的彼岸》295,参本书第十一章第十节)。因此,只有当尼采的概念从其当时的语境中脱离出来,超越当时的语境而被普遍化,尼采的作品才成为含混的或歧义的。因此,通过指责尼采含混,人们为自己对尼采哲学思考的确定性把握创造了游戏空间,而这种确定性把握并非是尼采自己所持有的。人们因此就像"最坏的读者"

---

① 海德格尔,《尼采》,2Bde.,Pfllingen 1961,卷2,页12。
② 米勒-劳特(Wolfgang Müller-Lauter),《尼采的对立的哲学和哲学的对立》(*Nietzsche. Seine Philosophie der Gegensätze seiner Philosophie*),Berlin/New York 1971)。

一样阅读:

最坏的读者像劫掠的士兵一样阅读:他们拿走对他们有用的一点东西,搞脏和弄乱其余的东西,毁掉整体。(《人性,太人性》下卷,"杂乱无章的观点和箴言"137)

六　尼采的使命和主要区分框架

[120]在关于"使命"的早期作品中,尼采已经找到其哲学思考的最重要主题和根本区分框架。在剩下来的19年里,尼采多方面发展、深化和重新估量了这些主题和区分框架,但从根本上说,它们自始至终一直没有改变;尼采的哲学思考仅仅在表面上可以划分为各阶段。其中最困难的时刻,他自己已经予以强调,即与叔本华和瓦格纳的分道扬镳。作为哲学家,他念兹在兹的问题是,在他所谓欧洲历史上最严重的去定向化之后,在宗教变得不值得信仰之后,在形而上学体系耗尽力量而进化论思想异军突起之后,一句话,在虚无主义之后,一个决定性的新定向(Neuorientierung)是什么。

一　使命

在尼采看来,席卷19世纪的去定向化,只能通过文化的提升来克服。"文化",按照尼采的著名定义,

> 首先是在民族的所有生命表达上艺术风格的统一性。(《大卫·施特劳斯:忏悔者和作家》1,1.163)

而"风格",尼采则理解为传达自己,使自己对别人和对自己变得好辨别的典型方式(《瞧这个人》,"为什么我写下了如此好书"

4)。当每天的习惯日程,千差万别的"生命表达",诸如饮食习惯,与他人交往的方式,道德立场和判断,宗教实践,艺术趣味等等,[121]互相协调,互相确证,彼此支持,一种共同的"观点"形成,并展现为"同一性"——但这种同一性不是遵循可揭示或可思考的规则或原则的结果,而是逐渐地和长期地,悄悄地从"生命"本身中发展出来——一种风格就形成了。就此而言,每一种风格都可以是艺术的和审美的,以及在这种意义上,风格可以像表达整个民族一样,表达个人和群体。以这种方式通过长期练习而变得自明的文化,是"风格习得的",并且只有在遇到冲击时才会突出显示出来。尼采之所以特别聚焦于"文化"和"风格",是因为在他看来,宗教、形而上学和道德,迄今为止似乎理所当然地为所有日常定向和哲学定向提供支持,现在却已经变得摇摇欲坠。因此,提升文化首先意味着,揭示文化的表面性和有意识地更新文化,赋予文化从中形成的生命一个"目标",一种"意义",同时避免新的幻想。尼采为此描述的能够克服去定向化的新定向,并非诸如民族主义、自由主义、社会主义、共产主义或无政府主义等等在哲学上被构想出来、在政治上得到传播的当时流行的主导观念。同时也并非主要仅仅是为帝国奠基的政治事件——这些政治事件在德国立即激发了人们对于一个伟大的文化的强烈希望——而是一个历史典范,是在欧洲一直享有人们最高崇敬之情的灿烂的古希腊文化。他的语文学专业特别导致他的这种观点。但是,在此首先需要指出,这种文化所引起尼采注意的是什么,它完全不是温克尔曼的"高贵的简单和静穆的伟大"(参本书第三章第二节),而是尼采认为在这一文化存在期间所形成的非常陌生的东西,这就是竞赛文化和悲剧文化。

[122]1. 在竞赛中,尼采发现,对于胜利,人们怀有不加掩饰的残忍的欲望。残忍的竞赛决定了各民族之间的关系,但也决定了城

邦国家内部的共同生活,这种残忍的竞赛不仅作为自明之事被加以接受,而且被热烈地加以欢迎。残忍的竞赛不仅为希腊人挑选身体强壮者,而且在战争中,甚至特别是在战争中,为希腊人带来了最聪明和最冷静的人。荷马史诗在阿喀琉斯身上最清晰地体现出前者,在奥德修斯身上最清晰地体现出后者。在这里,所有人都投入竞赛之中,所有人都争取在竞赛中获胜,为了获得竞赛的胜利愿意牺牲一切,甚至自己的生命。按照尼采一贯坚持的基本思想,希腊的竞赛乃是一场追求个人超出其他人之上的杰出、高贵的战斗;正是竞赛使希腊人胜过他们的对手,将他们的文化提升到伟大的程度。然而,竞赛也给他们带来危险,因为内部的战争可能会失去控制。雅典人曾成功地将这种战争转化为语词之争。因此,雅典人不仅发展了杰出的贵族民主制度,而且还发展了直到今天仍然照耀我们的光辉灿烂的艺术、科学和哲学。最后,他们也向所有异乡人敞开了他们的竞赛思想,只要他们能够使自己正面地同化异乡人,就是如此。彼此为了获得杰出地位而进行战争,以及随时同化异乡人的倾向,两者甚至也共同塑造了尼采的"好欧洲人"形象。

2. 对尼采来说,一方面是希腊人对残忍的爱好,另一方面是他们对艺术的热爱,而尼采将这两方面结合起来,这是尼采的原创性洞见:希腊人可以直视人类生存的最残酷的深渊,因为他们有能力赋予这种观看以一种艺术的形式,即悲剧的形式。在尼采看来,在西伦(Silen)这个神话人物身上(他是被疯狂撕碎和再生的狄俄尼索斯神[123]的顽皮而热爱肉体享受的同伴),希腊人最清晰地表明,人生乃是黑暗深渊:

> 最好的是你所做不到的:没有出生,没有存在,完全没有存在。然而,第二好的事情是你能做到的:以最快的速度死去。

(《悲剧的诞生》3,1.35)

——这句格言出自索福克勒斯的《俄狄浦斯在克洛诺斯》(V.1225-1229);荷尔德林曾将其用作《许佩里翁》第二卷的题词。正是为了纪念狄俄尼索斯,雅典人在每年的戏剧节上进行悲剧竞赛,让残酷的命运在自己眼前展开,以便通过这种方式将罪责归于诸神。三大悲剧诗人每人在一天里上演一出悲剧三联剧,并在最后以一出引起哄笑的萨提尔剧结束,严肃于是最终转变为欢乐。他们的艺术使雅典人有可能承受最困难的人生,因此他们可以勇敢地演出它们。希腊人一直是尼采的典范。

但是,对希腊人来说,艺术还是缪斯女神的赐予,他们在最广泛的音乐的意义上看待艺术;在年轻人的教育中,音乐与体操即身体塑造的艺术并列。悲剧所使用的抑扬顿挫的酒神颂歌的语言起源于一种对我们来说几乎完全无声——因为几乎没有任何记录——的音乐,按照尼采的观点,悲剧就是从这种音乐中诞生的。推动希腊悲剧走向顶峰的埃斯库罗斯和索福克勒斯,也创造了悲剧的音乐。青年尼采则将这种观点与叔本华的形而上学以及瓦格纳的音乐纲领结合起来。按照叔本华的观点,剥夺了任何生存价值的人生之黑暗深渊,完全奔向这一生存的盲目的、无意义的意志,会在无尽清晰的音乐的最高欢乐中暂时被遗忘,音乐安抚他的强烈的欲望,使他从中得到解脱,而不再需要对于这一生存的概念知识。瓦格纳认为,通过他瓦格纳的音乐,人的生存不仅被证明为正当,[124]而且还将被提升到一种新文化的最高幸福之中。因此,青年尼采最后总结说,凭借二者之力,希腊悲剧可以在德意志的土地上复兴,一种新文化将从音乐中诞生。在后来的"自我批评"中,尼采说自己那幻想破灭的"艺术家形而上学""武断,浮泛,幻想"(《悲剧的诞生》,

"自我批评的尝试"2 和 5)。但是,他仍然坚持认为,艺术虽然不能使生存在形而上学上得到正当性辩护,但却使其变得"可以承受"。尼采在《快乐的科学》(107)中收回《悲剧的诞生》中已经变成著名句子的"只有作为审美现象,生存和世界才是永恒正当的"(《悲剧的诞生》5,1.47),而说"作为审美现象生存对我们来说永远是可承受的"。"审美现象"仍然如故,但形而上学上的正当性辩护不复存在。

3. 同样,哲学在雅典也变成了一种辉煌的文化现象。在阿那克西曼德、赫拉克利特或恩培多克勒那里,哲学还是指向悲剧性事物的。尼采带着自我学习者的大胆认为,由于被看作哲学之最重要奠基者的苏格拉底,哲学开始衰落了,并由此导致希腊文化的衰落。按照流传下来的说法,苏格拉底与音乐和悲剧隔膜,但对明确确定的逻辑证明却情有独钟,致力于思考整齐有序并因此普遍有效的概念,他在哲学中区别艺术和科学,以便将后者作为哲学的核心。为了实现这一目的,苏格拉底必须将概念从其实际用法的不断变换的处境中解脱出来,采取一种超越日常语言的理论立场。借助于他所施加的个人魅力,苏格拉底将雅典贵族青年的目光从悲剧所显示给他们的生存之可怖性上移开,转向"纯粹"概念的普遍、永恒、抽象的关联,[125]使"理论人类型"在热衷于战争和竞赛的希腊人中崭露头角,登上舞台(《悲剧的诞生》15,1.98)。尼采认为,哲学因此在几千年的时间里失去了与生命之深度的关联,仅仅致力于把握生命之符合逻辑的表面,将表面看作生命的根本价值。哲学因为自我欺骗而贫困化。以启蒙的面目出现,以及将自己宣布为真理的权威机关的苏格拉底哲学的先天缺陷,乃是其追求自我欺骗的意志。从将目光投向深渊的艺术的幻觉中,形成了一种掩盖深渊的幻觉。

二 根本区分框架

在尼采看来,当代哲学的使命由此产生:苏格拉底使之成为真理权威机关的哲学应该澄清其自我欺骗的意志,并因此使新的文化提升成为可能。它应该致力于建设一种没有幻想的未来定向。尼采为此做出如下区分:(1)对现实的悲观主义立场和乐观主义立场(其中包括真理感的强和弱的区分),(2)按照混乱还是秩序对现实的区分(其中包括生成和存在的区分),(3)按照个人还是社会对人类现实的区分(其中包括健康还是生病的区分),以及(4)按照隐喻还是概念对现实进行整理的区分(其中包括按照类型还是按照漫画的区分)。对于这样一些区分,尼采希望能够将其作为假设性的或实验性的区分看待,而非作为假装描述了实在的形而上学性的对立看待(《善恶的彼岸》2)。

1. 对现实之态度的区分——悲观主义/乐观主义:"悲观主义"一词,对尼采(以及对叔本华)来说,并非像人们惯常理解的那样,是对于最不利处境、[126]最坏处境的无可救药的预期,而是一种哲学上的勇气,使人可以面对存在的当下最坏处境,面对生存的黑暗深渊,拒绝幻想和逃避。尼采所理解的悲观主义,不是削弱生命,而是强化生命。而使这一强壮悲观主义成为可能的艺术,尼采(还是与叔本华一起)将其与建立在概念的表面之上的理论人的"乐观主义"直接对立,以及与建造和组织概念的(似乎普遍的)理性和在理性中寻找幸福者直接对立。作为一种在几千年时间里确立的思想的自我欺骗,这种乐观主义乃是"一种真正邪恶的思想方式"(《大卫·施特劳斯:忏悔者和作家》6,1.192)。叔本华希望告别这种乐观主义,因为他看穿了这种乐观主义。尼采将这种乐观主义包括在一种新的"狄俄尼索斯悲观主义"之中(《快乐的科学》370),通过这种乐观主义,悲观主义成为可承受的,以及鼓舞人去提升生命,而非告别生命。

2. 实在本身的分别——混乱/秩序:尼采在《快乐的科学》109中这样写道

> 世界的总特点是永恒的混乱,这不是说世界缺少必然性,而是说它缺少秩序、组织、形式、美、智慧,以及任何指称我们的审美人性的东西。

可以通过"宇宙"概念——按照字面理解指某种"美好秩序"——概括性地把握世界。人类建立这些秩序,将其作为幻想加之于混乱的现实之上,目的是用它处理混乱;人类需要某种"美的秩序",以便能够以某种方式生活下去。然而作为幻想,在各个时代都如此为生存所必须的幻想,长期来看却会危害生存;因此,哲学的使命就在于,重新揭露不符合美之秩序的现实,揭露不断生成变异的混乱的所在。但是,由于苏格拉底学派的理论理性正是关于现实的乐观主义幻想的始作俑者,所以必须首先推翻这种理论理性。[127]它们并不像自巴门尼德开始的(后来所称的)形而上学所构想的那样,能提供有待认识的任何永恒持续的"存在",并使与此相对的所有感官的东西都沦为纯粹的"现象"。这种理性本身仅仅创造了一个幻象而已,它并没有把握现实,而只是用幻想掩盖现实。因此,尼采用现实和幻想、深度和表面,或者用神话的象征来说狄俄尼索斯和阿波罗的区别,取代古老的巴门尼德式、同时也是随后的柏拉图式和亚里士多德式的"存在"与"现象"的区别。希腊人以之著称于世的阿波罗神的雕像被看作可见、可把握、有序、平静、优美的形态的最高象征,其实只是具有安静作用的表面,在其深处埋藏着没有任何理性能够触及而只有音乐能够象征的混乱－沉醉的生成。就语言也归属于这一表面而言,关于那一混乱的一切谈论始终是成问题的。

3. 人类现实中的分别——个人/社会:自然的现实正如人类的现实一样,首先是个体、个人,在这一点上,希腊的竞赛理论以及达尔文的选择理论都同样支持尼采。这种现实由个体之间的不断争执组成,并且这种争执并非按照人为了获得优美的秩序而希望将它们置于其下的法则进行。甚至"个体"也不是事先给定的。它们本身每次都在其互相斗争中作为彼此较量的"权力"而重新形成自己:"每一个权力,"尼采在《善恶的彼岸》22 中说,"每时每刻都带着其最晚近的结果"(参本书第十章第四节)。社会以及社会的约束力和规律性,按照这种观点仅仅是表面现象,人们必须穿过这一表面才能触及它们所扎根的现实。人们有时会依附于社会和政治共同体,但只有在困境下才会这样做,目的是能够活下去,以及必须从这种困境出发理解所有社会关系。[128]尼采为此从个人开始,个人"孑然一身"并且必须能够"孑然一身"——因为个人很容易淹没在社会关系之中。他们需要忍受孤独的力量,忍受"七重孤独"的力量(《快乐的科学》285),以便能够自我定向和对自己负责。哲学家也同样,或者更准确地说,与其他人相比,哲学家在建立学派和形成阵营之前,更是孑然一身和处于与其他人的竞赛中的,并且只要他们保持孑然一身,每个哲学家都可以成为一个"人格",诸如赫拉克利特式人格,恩培多克勒式人格,苏格拉底式人格,或柏拉图式人格。由于哲学的社会后果,他们不得不成为社会性的人——按照尼采的看法,他们因此成为浅薄的。坚持要求其强力得以发挥的人却变得生病了。强力的个人,每一个社会在其不断改变的生存条件中为了确定方向所依赖的强力的个人,被迫在生活的强制面前低头,强力的个人被与不那么有力的个人和最没有力量的个人等量齐观。这种情况越是持久,他们就越是怀疑自己的强力,也就越是自愿地将这种强制作为道德而加以内在化,也就越是在其中看到一种罪责。而社会作为整体,尼采认为,也就因此越变得虚弱和生病。

4. 人类对现实的整理的分别——隐喻/概念:人们在一个社会中共同生活的首要条件是一种共同的语言,可以帮助人们在困境下迅速互相理解(《善恶的彼岸》268,《快乐的科学》354)。它形成"约定"(WL.1,1.878),这"约定"随着时间的流逝而成为一种新的"暴力","好像将人抓在手里,并将他们抛向他们根本不想去的地方"(WB5,1.455)。语言生产现实的共同图像,并因此将个人与他们的自己的亲身体验分离开来。然而,这种亲身体验正是混乱而不断改变的实在(现实),它每时每刻都在寻找着新的语言表达。[129]因此,语言也必须能够不断改变游戏空间,必须"仍然在自身中拥有混乱"(《扎拉图斯特拉如是说》,"前言"5,4.19),这样才能通过允许多重解释的流行图像即隐喻而使意义保持"流动"(《道德的谱系》II 12;参本书第四章第五节)。然而同时,它却不应该剥夺人们的"安全感"(《朝霞》174,《快乐的科学》355),不应该——正如尼采为其时代的历史科学所担心的——"撕碎和毁掉一切基础,力图将其融化在永远流动和溶解的'生成'中",以及因此干脆抽空社会的基础,以及青年人的教育的基础(HL9,1.313)。语言,如尼采所指出的,必须能够保存可能性,并严格地"确定概念"(N1885,35[84],11.548),以及"也许因此能够将'人'这种动物确定下来"(N1885/86,2[13],12.72),总之,能够确保一种稳定而又灵动的定向。实现这一目的的工具是构造类型(die Bildung von Typen)。一个类型,严格来说,乃是一个标记,一个幅员辽阔的符号,一个可以添加多种内容的图示——因此同时具有稳定性和流动性。一个类型可以以一个或多个个人为其锚定，假设性地作为普遍性被接受，因为还有某些支点对于其移动来说是必须的。概念是时间中的概念，可以对其加以普遍化，甚至在无法长期支撑概念的情况下，比如在自然和历史中的所有生命物无法长期支撑概念的情况下，也是如此。在这个意义上，尼采将苏格拉底和耶稣、歌德和拿破仑等历史人物制作成类型，还引进他的扎拉图斯特拉或超人作为类型。尼采在此所做的是制造类型，他通过他对这些人物的夸张描述表明了这一点。他早就在笔记中写道：

> 我给你们看了一幅漫画。我并不认为，所有这些人都是作为漫画而被认识的：希望最后每个人都清楚认识到它们是漫画。（N1869,1[11],7.14）

最后尼采看到，所有活的东西，[130]所有太长时间里作为类型和通过概念被确定的有生命的东西，最终都表明自己是漫画：

> 被监禁在错误的铁笼子里的人，变成了关于人的一幅漫画。（N1888,15[73],13.453）

七 尼采对虚幻定向的批判

[131]按照尼采的悲观主义结论,关于现实,我们只能建立幻想。但是,我们可以知道我们是在建立幻想,并且这样来建立幻想,以便最后这种幻想有利于生命,而不是损害生命。建立起来的幻想将有利于生命,当它们为定向提供必需的确定感;或者它们将有害于生命,当这些幻想使在新的条件下的新定向呈现为不必要的;而当它们将定向包括在紧密、连贯和不可透视的体系中时,它们将危及生命;又或者,当它们帮助扩展定向的视野和游戏空间并使其多样化时,它们就提高了生命。如果定向要一直对生命有用,它们为此必须每次都能够区分,什么对生命有利和什么对生命有害。哲学批判可以对此提供帮助,这种批判乃是对于看来自明的东西之可能性条件的追问。尼采的批判是迄今为止欧洲哲学历史上最激进的批判。它特别指向(1)形而上学和基督教,(2)占支配地位的道德,(3)社会的做戏,(4)科学,(5)认识,(6)逻辑,(7)意识,(8)语言,(9)每一种信仰和(10)在尼采看来以禁欲主义理想为旨归的整个生活形式。

一 形而上学和基督教

按照尼采的类型学,欧洲文化成形于形而上学与基督教的联合。巴门尼德的哲学传统认为,存在着符合"存在"、被通过概念加以把握、在逻辑上被确证、因此可教导的真理。按照尼采的批判理论,巴门尼德哲学传统将这种"存在"投射为现象背后的一个统一和永恒的"背后世界",对于这个背后世界来说,人类的定向永远只是透视性的和暂时通达的。当使徒们遵循使命出走,想要对全天下的人教导福音时,他们以及他们之后的保罗和后来的基督教神学家,必须用教条的形式把握福音,并为此引入希腊形而上学的概念。结果,形而上学和基督教同气连枝,互相支持,教条基督教(而非耶稣的"福音实践",参本书第十一章第九节)变成了"'民众'的柏拉图主义"(《善恶的彼岸》,"前言")。到了19世纪,二者一起变得不值得信任。

二 占支配地位的道德

形而上学和基督教在道德中合流,道德可以抵御二者变得不可信的趋势。对于道德的批判,在尼采著作中,特别是在《朝霞》《善恶的彼岸》和《道德的谱系》中,占有中心地位。道德与某些真实之物的关系之少,正如形而上学和宗教与这些真实之物的关系之少,即使用"最古老的现实主义"为其辩护,也是这样:

> 道德行动实际上是"非道德行动",——让我们就此打住:所有行动都是在根本上不为人知的。(《朝霞》116)

道德是一种解释,这种解释随"风尚"而变化(《朝霞》131)。关于"一个行动驱动社会"的现行道德,尼采推测其起源于"一种社会恐惧冲动"。道德试图消除"生命的全部危险",创造一种"社会安全感"(《朝霞》174)。然而,"危险中的危险"乃是不受支配和过于强力的个人(《朝霞》173),是那些"异常分子,[133]他们几乎总是充满想象力和行动力"(《朝霞》164)。道德因此要求"自我泯然众人，自我归顺秩序，自我贬抑"(《朝霞》26)，要求"根本上改造个人"，即削弱和消灭个人(《朝霞》132)，目的是为了已适应和已虚弱化的人类。以自我控制的希腊道德为一方，以基督教的爱邻人训诫为另一方，因此被共同归结为一种无私的道德，而作为这种道德的基础的形而上学被归结为一种作为支点的自由意志，以便互相分配责任，和道德地进行控制(《善恶的彼岸》21)。现代欧洲人彼此只有在这种"道德外衣"下才能仍然互相忍受(《快乐的科学》352)。道德，作为权力的对手而出现的道德，就这样自己变成了支配地位的道德，变成无权力者对于权力者的权力。道德来源于那些不能通过采取直接行动反应的人的怨恨，他们"以一种想象中的报复来获得补偿"(《道德的谱系》I,10；参本书第十一章)。教士和教师发明和传播道德，他们自己知道这一点，但是他们写起来却"不真诚地说谎，卑鄙地说谎"，要不就是"无辜地说谎，天真地说谎，无邪地说谎，道德地说谎"，将其起源归于更高的权力或秩序，因而似乎不需要任何人为其负责(《道德的谱系》II19)。任何生活在社会中的人，都无法互相独立于无私的道德而自由。对这种道德的批判的唯一理由仍然是"出于道德"！为了一个更高的道德成为可能(《朝霞》,"前言"4)。尼采在此也是这样做的(参本书第八章至第十一章)。

三　社会

民主制度和社会主义被尼采视为"畜群－胆怯"道德的继承者(《善恶的彼岸》201)；现在人们认为应该在它们的基础上建立社会。如果说，古风希腊人还能建立自主个人组成的危险社会，而中古时代的人则建立起以[134]大教堂为其证明的"那带有宽阔社会之门的巨大怪物"，那么现在，在风起云涌的民主化的推动下，"那种雅典人的信仰"作为"欧洲人－信仰"而得到复兴——每个人都可以参与一切，并因此必须可以扮演每一种角色。尼采认为，这是一种对于"戏子"的"艺术家信仰"（《快乐的科学》361），对于这种信仰来说，角色压倒了人物，艺术压倒了自然，建立在制度之上的自我遗忘压倒了独立本领，而"适应－艺术"变成了最高级的艺术（《快乐的科学》361）。一个由演员组成的社会生活在虚幻中，并同样致力于不断的自我欺骗，不管是不诚实地，费尽心机地，天真无邪地，还是道德高尚地进行自我欺骗。因为犹太人和女人——尼采在《快乐的科学》361 中将二者相提并论——在最漫长的时间里最强烈地被迫适应，并因此学会了区分在别人面前演戏和在自己面前演戏，总有一天他们将会证明自己是最有强力和最坦诚者，而其他人则将会把他们看作最不可把握之人。而为了实现全面的角色适应，现代社会创造了"工作的福音"（《朝霞》173，参本书第十一章第七节〈2〉）。

四　科学

科学，无论是自然科学还是历史科学，同样都既是尼采对于虚幻定向进行批判的主体，也是这种批判的对象：是这种批判的主体，因为它们在方法上瓦解了对于虚幻的信仰；是这种批判的对象，因为它们本身"仍然是虔诚的"，本身仍然沉溺于一种信仰，即对于真理的信仰。对于无私的要求将科学和道德结合起来。二者都要求，为了绝对的普遍有效性而忽视自己的优点、个人性的感觉和任意的判断；为了赋予这种无私以一种正面支撑，先验哲学假设存在着一个"先验主体"。但是这样一来，"道德的基础"同样也是科学的基础，[135]而科学，包括传统哲学，因此对于道德就是盲目的。因此它们就无法与其拉开距离，无法使其成为批判对象（《快乐的科学》

344)。因此,它们同样也不能提出真理意志的价值的问题("为什么不要非真理?不确定性?甚至干脆无知?"《善恶的彼岸》14),无法将"非真理性作为生命条件"来认识(《善恶的彼岸》4),以及看不到,"甚至物理学也只是一种世界解释和世界辩护[……],而不是一种世界说明"(《善恶的彼岸》14)。然而,在欧洲科学中,"基督教道德本身,越来越被更严肃对待的'真诚'概念,在忏悔牧师手里变得精致化的基督教的良知,转变和升华为一种科学的良知,一种不惜代价的智力清洁"(《快乐的科学》357;《道德的谱系》III 27)。带着这种真诚,作为"快乐的科学",它甚至可以质疑自己对真理的信仰,可以成为最高和最后的批判主体(参本书第八章第七节)。

五 认识

如果没有陈述就没有可以理解的陈述对象,那么,所谓科学陈述与对象符合这个意义上的真理就根本无从谈起,这些真理就变成了一些"信条"(《快乐的科学》347;《道德的谱系》I 13)。因此,"这样一些错误的信条",诸如"存在着持存的东西,存在着同一的东西,存在着东西、物质、物体,存在着显现背后的某物,我们的意志是自由的,以及对我来说是善的东西其本身就是善的",存在着主体,等等,被"世代相传地继承下去,最终几乎变成了人性的物种要素和基本要素",现在像本能一样起作用,人们毫不怀疑地用它们来为自己定向。因此,"知识的力量",与"真理的程度无关,而关乎其年龄,其在人身上的同化程度,其作为生命条件的特点"(《快乐的科学》110)。[136]对此加以探讨会引起恐惧。而整个认识,无论是日常生活中的认识还是科学和哲学中的认识,按照尼采的假设,都遵循一种"恐惧本能":面对某些陌生、令人烦扰之物,总是力图将其回溯到"某些熟悉之物",所以,所谓"认识者的快乐"在这里也仍然是"重获安全感的快乐"。只要能够在陌生之物中重新发现"我们的逻辑或我们的意志和欲望",我们就足以获得这种快乐。在这种"认识"之外还有一条哲学道路,即无所畏惧地将熟悉之物也"看作问题,也就是看作陌生之物,看作遥远之物,看作'外在于我们'之物……"(《快乐的科学》355,参本书第八章第六节)。

六 逻辑

"在全部逻辑及其运动的表面的自行其是背后,同样存在着价值判断,或者更准确地说,同样存在着某种特定生命之保存的生理要求。"(《善恶的彼岸》3)逻辑,就像尼采(仅仅)在其笔记中所阐述的那样,是一种"巨大的缩略-能力",一套"符号-装置",其长处恰恰在于,"最大可能远离单个-事态";"将经验简化为符号,使越来越多的东西能够被这样把握":这是逻辑对生命所具有的"最高力量"(N1885,34[131],11.464,校订稿)。逻辑极度简化了"否则无比复杂的"现实,从而使其成为清晰可辨的。逻辑的"简化工具"因此是一种"纯粹虚构的样本"——没有这种虚构,我们就无法生活。其"符号文字"使"逻辑过程"成为"可传达和可察觉的",它创造符号,这种符号独立于体验和经验的所有个别条件而固定在文字中,并因此可以被普遍可教,以及因此成为一种"调控性虚构"(regulativen Fiction)的样本(N 1885,34[249],11.505)。只要人们不形而上学地将一个存在设置为这一虚构的基础,[137]而是将其当做一种"仅仅在最表面上"可以应用的"出于告知之目的……的图示技巧和缩略技巧"(N 1886/87,5[16],12.190),它就是一种最有用处的"单义标记艺术"(同上,7[34],12.307)。如果人们仍然相信,在理性形式中存在着"一种实在的标准,而实际上,人们之所以拥有这种形式,目的是成为实在的掌控者,以便以一种聪明的方式误解实在",人们就"犯下了迄今的最大错误,世上真正灾难性的错误"(N1888,14[153],13.337)。与此不同,哲学和科学只能努力"以某种方式去描述赫拉克利特的'生成',通过符号简化它们(以一种对所谓的存在无所谓的方式翻译和木乃伊化它们)"(N1885,36[27],11.562),而为此它们需要"最伟大的抽象艺术家"(N1886/87,6[11],12.237),以便"为所有种类的符号发明符号"(N1885/86,1[28],12.17)。它们完全可以奔向最高的普遍性,但却永远只是尝试性地和暂时地在符号中奔向最高的普遍性。

七 意识

笛卡尔将他从存在本身那里获得的对于存在(Sein)的意识重新作为一种同样可以被赋予永恒性的存在本身来思考,并从此将其看做"人的核心,他的持存,永恒,终极,最本原之物"(《快乐的科学》11)。但是,从进化论的观点看,意识仍然是一种还没有结束的尝试,既可以危害也可以支持"那仍然没有固定下来的动物",即人类,(《善恶的彼岸》62)。从现象学的观点来看,意识表现为偶然的"意识状态",这时"长期维持的本能的联盟"不再够用,于是新的、更复杂的定向被更专注地加以试验(《快乐的科学》11)。在"告知",即通过符号进行沟通的行为中,尤其如此。[138]因为在"困境"下,为了"迅速而准确地互相理解",为了一直保有符号的理解和误解的游戏空间,沟通就需要持续的意识状态,并在此意义上需要一种持续的意识存在。出于一种"或许过度的推想",尼采在此将"意识的微妙和强力"回溯到"一个人(或动物)的传达能力",同时将意识本身回溯到"需要传达之压力"。按照这种看法,意识乃是交往的一种后果,"根本上只是人与人之间的联接网络",并且也仅仅"包括"它在变成约定的符号下所能传达的东西。因此,意识

"从根本上说并不属于人类的个别存在[……],而更多属于个别存在中所包含的集体性质和种群性质"(《快乐的科学》354)。

八 语言

宗教、形而上学、道德、科学和逻辑等等虚幻定向全都沉淀在语言中,并在那里拥有其"长期代理人"(《偶像的黄昏》,"哲学中的'理性'"5)。语言在不知不觉中为人类定向。通过其主语-谓语语法,印欧语言导致了一个形而上学的根本区分,即在句子中充当主语的持久实体,和修饰这一主语的不断变化的属性(《善恶的彼岸》20),而接受一个神作为其他一切事物的根据,这一做法也同样可能是语法造成的:

我担心,只要我们还相信语法,我们就还没有摆脱上帝……(《偶像的黄昏》,"哲学中的'理性'"5)

确实,即使现在我们把这一"理性思想"看作"按照某种图示做出的某种解释",看做某种"语言上的强制",尼采在笔记中写道,我们也"无法丢开"这种思想(N1886/87,5[22],12.193以下):"我们的愿望并不是改变[139]我们的表达工具。但我们可能认识到,它在多大程度上是纯粹的符号。"(N 1888,14[122],13.302)

九 信仰

尼采用信仰——而非仅仅是宗教信仰——概念来概括诸虚幻定向。人对实在了解越少,就越离不开"信仰、立场、支撑、依靠",这样才能生活和行动。因此,问题仅仅是,"一个人为了生存和发展必须在多大程度上拥有某种信仰,必须拥有多少他因为附着其上而不愿其动摇的'坚实的东西'"。一个人这方面的需要越少,就越是能对现实敞开自己。他在不同的情境下会有不同的表现。因此,"一个人的强大程度的证明(或更准确地说,是他的虚弱程度的证明)"(《快乐的科学》347),乃是他可以放弃多少"绝对忠诚","最高智慧,至善,权力",不再"寄望于某个终极改进者",已经发生的事件中的某种"理性",将要发生的事件中的"爱",放弃任何"和平"(《快乐的科学》285)。与信仰对立的并不是知识——"认为存在着体、线、面、因果,运动和静止,外形和内容",本身就是"一些信条"(《快乐的科学》121)——而是一种凭己之力创造支点的意志,时刻自己决定在哪里驻足留步;"意志,作为命令之情感,乃是自我控制和力量的决定性标志"(《快乐的科学》347)。如果有谁长期需要无论什么样的信仰,尼采就称其为自由精神的被束缚的对手(《人性,太人性》I 225 – 229),并将帮助他的精神不断从中解放出来视为他进行哲学思考的"使命"。

十 禁欲理想

在《道德的谱系》的第三篇论文中,尼采将充斥于欧洲哲学概念中,甚至也充斥在欧洲科学中的欧洲形而上学—基督教道德,[140]归结为禁欲主义理想概念——以一种让我们想起贫穷、谦卑、顺从的僧侣道德的方式,这一概念扼要概括了欧洲的虚幻的定向(这种定向早已经在欧洲扎根)。"禁欲"意味着操练,严格的培训,生活的规训化。禁欲主义理想要求生命完全被置于一种无声的紧张之下,但是作为理想,却又永远不会被满足;这种禁欲主义造成了一种良知,人越是将自己献给这种理想,这种良知越是感到歉疚,要求一种持久的自我施暴。然而,禁欲主义却不是无意义的,它的意义就是在一个无意义的世界上给无意义的痛苦赋予一个意义:

是痛苦的无意义性,而不是痛苦本身,使人类的天空长期暗淡,——但是,禁欲主义为痛苦提供了一种意义;这是到现在为止痛苦所具有的唯一意义;而任何一种意义都好过无意义。(《道德的谱系》Ⅲ28》)

但是,这种意义本身却是"空",禁欲主义理想的"真实含义是——让我们勇敢地说出这一点—— 一种趋向虚无的意志,一种反对生命的意志,一场针对生命的最根本条件的暴动"(《道德的谱系》Ⅲ28)。

八 尼采的自我批判性定向

——支点和标尺

[141]一种自我批判性定向,不再相信在自身之外,在个人的立场、视野和视角之外,拥有支点,它必须、同时也能够在自己内部找到支点。在尼采看来,由于自我批判同样并没有任何最终的根据,因此这是一个意志问题,一个按照自己的力量做决定的问题(参本书第十章第四节)。由于所有定向以之为前提的不确定状态,所以有时会仿佛"意志瘫痪",一直停留在怀疑中,在怀疑中徜徉自得(《善恶的彼岸》208;N1881,15[2],9[634])。尼采重新在纯粹日常生活中寻找自我定向、自我决定和自我行动的力量,并从而为哲学创造了新的视野。

一 自然

尼采还将他的"使命"一方面理解为"自然的解人性化",也就是理解为千万年来对自然的拟人化的拆解;另一方面又将其理解为"人类的自然化",也就是理解为他主张的朝向非(或少)人化自然的重新定向(N1881,11[211],9.525)。尼采认为,自然的东西是由于需要和必须而逐渐产生的东西,与仅仅是构想出来和制造出来的人为的东西直接对立。人必须首先更好地认识了"所有切近之事",知道"什么对我们有助益,什么对我们有害,无论事关生活方式的确立,一天的划分,时间和交通方式,无论是在工作中还是在沉思中,是在下命令还是在接受命令,是在欣赏艺术和自然,[142]还是在吃饭、睡眠和反省,都是如此",一句话,认识所有这些"人性和太人性"之物;对于"一个人的需要,他在二十四小时内的大大小小的必须",哲学家再也不能报之以某种"轻蔑和冷漠"了(《人性,太人性》II,WS5 以下)。

二 身体

所谓自然首先是个人自己的身体的自然。尼采振臂而呼,将情绪、欲望、本能、情感和激情(或者说,其在现代文明中的残留物),特别是将性欲,在哲学中予以解禁:"一个人的性欲的程度和方式一直伸展到其精神的最高峰"(《善恶的彼岸》75)。尼采为此呼吁,"以身体为根本线索"重新揭示完整而复杂的人(N1884,26[374],11.249,以及其他多处)。在这方面,尼采首先追随男性和女性的区分,并因为每个人都属于其中一个性别和该性别的思想方式(哪怕他可以变换性别也是如此),作为男人总是不断与对他来说一直是"真理"的"女人"之"谜"争执(《快乐的科学》,"前言"4)。另一方面,与此同时,他又将所有哲学思考按照健康还是有病加以区分。人作为个人与他的身体的和精神的"健康"是不可分的,从他们被抛到其中的疾病中,可以在精神上或多或少地有所收获——正如尼采自己的生活所表明的。一种批判哲学因此必须永远同时也是"健康学说"(《人性,太人性》II,"前言"2,参本书第二章)。

三 理性

尼采废黜了形而上学的"理性",但却更信赖实践性的"理性",这种理性"愿意按照合目的性和有用性来进行评价和行动"(《善恶的彼岸》191）。在尼采看来,这种理性意味着个人生命范围内的清晰、确定与可计划性。这种理性必须与"无理性的东西"、身体性的东西及其冲动和需要,"以一种非理性的方式"[143]互相呼应（《人性,太人性》I,1;《朝霞》123）,持续地保持与这些非理性和身体性的东西的联系。这种理性在人与人的交往中,作为"判断中的非随意性"和尽可能的"普遍约束性",确实不可或缺（《快乐的科学》76）。在这个意义上,"有理性"帮助个人控制一切放纵和进行自我训练（《偶像的黄昏》,"苏格拉底问题"）。就此而言,以理性面目出现的东西并不固定,此一时彼一时,而"理性"也会重新蛹化为"非理性"的蝴蝶（《快乐的科学》307）;"理性的自由状态"只适合"漫游者",漫游中的人们可以拥有不断变化的理性状态（《人性,太人性》I,638）。在这个意义上,甚至实践理性也同样是一种自我批判的"理性的理性"（《人性,太人性》II,"漫游者及其影子"189）,一种与理性本身沟通交往的理性。如尼采后来在其回顾中所写下的,他将其全部哲学思考理解为一种"我自己的尝试,力图把握社会性判断和价值评估的绝对合理性——当然不带有这样的意志,即从中推导出道德结果"（N 1887,9[140],12.415）。

四 精神

尼采不仅将康德的主要概念实用主义化,而且还将黑格尔的主要概念实用主义化。像黑格尔一样,尼采从理性上升到精神,从合理性上升到精神性。"精神",黑格尔思想的顶点,对尼采来说同样意味着自由;当最初处于襁褓之中的思想,最终走遍思想的主要区分的山山水水,开始在其中悠游盘桓,从一条山谷到另一条山谷,或者用尼采的话来说,当思想可以兴之所至地进行区分随后又泯灭区分,思想就达到了这种自由。启蒙运动的"自由精神",由于"在反对习惯、传统和神圣中获得的自豪的良心"(《快乐的科学》297),相信自己已经在思想中摆脱了一切约束,但同时却又仍然抓住一种古老的"哲学家的偏见"(《善恶的彼岸》1 以下):存在一种普遍和一般的理性,通过这种理性,每一个人都可以发现真理,以及从而知道什么是善。对黑格尔和尼采来说,这种精神尚未获得自由。尼采认为,自由的精神首先是这样一个精神,[144]他最终不再做永恒真理的"祭品",而开始努力追求自己"心爱的学说"中"每一个小问号中的更多真实性"(《善恶的彼岸》25),开始与"一切对于确定性的追求告别",同时又清楚地认识到,甚至他的动态的游戏空间也仍然是有限制的。因为他永远需要考虑作为"精神的基本意志"的自我欺骗的意志,因此,作为最精神性的意志,它是残忍地"转而反对自己的残忍意志"(《善恶的彼岸》229 以下),并为此而必须赋有"没有人可以轻易看透其最后意图的台前和幕后的多重灵魂","带着没有脚步可以走遍的近景和远景"(《善恶的彼岸》44)。尼采在笔记中写道,正是"理论理性"的"发明者"苏格拉底使用了这种意志(参N 1885,34[66],11.440)。

借助于这种人类学路径的支持,尼采建立了他的认识 – 伦理(而非认识 – 理论)准则。对他来说,一种自我批判性定向的第一个条件是:

五 诚实

"诚实",或"真诚",或"诚意",乃是当千万年的笃言、真理和确信永远失去时,仍然残留下来的东西——作为对于它们的需要和意志。从"良知"中形成了一种"智力良心"(intellectuales Gewissen)(《快乐的科学》2),按照这种良心,在宗教、道德和理性等问题上,每一个人都必须自己做出决定。然而,人们拥有诚实并不像拥有一种财产，相反必须"带着全部的恨和爱去追求它们"，这样才能使其不会沉睡(《善恶的彼岸》227)。因此，人们恰恰永远不可以相信他的诚实性，相反必须带着"热烈的诚实性"坚定地对威胁这种诚实性的本能提出质疑，将"自然人的可怕的基本文本"保留在自己的视野之内(《善恶的彼岸》230)。

六　无畏

"如果以后有一天，我们的诚实之心变得疲倦，唉声叹气，四肢伸开，认为我们太严厉，而愿意获得更可心、更容易、更温柔的东西，[……]我们就会为了帮助他们而送给他们我们之中的魔鬼性的部分才有的东西——[……]我们的冒险勇气，我们久经风霜和挑剔的好奇心"(《善恶的彼岸》227)。诚实之心需要投入无畏的实验工作的勇气，作为其长期的刺激——尼采《快乐的科学》的第五章整个一章都命名为"我们无畏之人"。尽管社会患有"畜群恐惧症"，社会中那些"强大和危险的冲动"，诸如事业野心、蛮干心、复仇心、狡诈、贪婪、支配欲望等还是得到了训练和培养，因为人们为了新定向而需要它们(《善恶的彼岸》201)。最终，留给哲学家的使命也许正是：使自己的生命成为"实验"(《快乐的科学》324)，试探性地向生命的边界推进，目的是使其突然翻转到充满怀疑的非定向化状态下。通过这种方式，他们可以彻底考验人类定向化的边界，变成"人类的实验站"，如尼采自己在笔记中所写下的(N 1880,1[38]以下，9.14以下；参《朝霞》453)。他们究竟在多大程度上能够完成这一使命，取决于他们在多大程度上拥有"同化"不熟悉和前所未见的定向的力量，也就是使其成为常规的和使自己可以承受的力量(HL 1,1.251；《人性，太人性》I 224；《快乐的科学》11；N 1881,11[141]，9.494)。

七 快乐,欢乐

"'生命是获得知识之工具'——将这样的原则铭记于心,人们不仅可以勇敢地生活,而且可以快乐地生活和快乐地欢笑!有谁善于笑和生活,而不善于战斗和胜利的吗?"(《快乐的科学》324)在尼采看来,欢乐心乃是标志,标志着处在其自然状态、身体状态、理性状态中的精神,这种精神在长期战斗之后,变得自由、随性、偶尔淘气,[146]对那本来限制它的东西反过来发号施令(参《快乐的科学》,"前言"1)。欢乐可以使人看到更广阔的现实,更容易随时感到惊奇。人们也许可以在某个时候学会有这样的快乐心,但却永远不可能教会别人有这种快乐心。谁不了解这种快乐心,谁就无法评价

> 那种真正的哲学结合,一种急速行进的大胆和高扬的精神性,与一种不会走错一步的辩证的严格性和必然性的结合。对于大多数思想家和学者来说,这是他们自己的经验所不熟悉的。因此,如果有人在他们面前谈起这种结合,他们会觉得难以置信。(《善恶的彼岸》213)

当顽皮的欢乐之心成熟,它就会变成沉静的欢乐之心,尼采过去曾在希腊人那里发现了这种欢乐之心。他希望他的扎拉图斯特拉可以欢乐、"幸福"地死去(N 1883,21[3],10.599),而对于《快乐的科学》,由于在这之前的书还不是他的欢乐之心的证明,所以他希望这本书成为这种证明(参《快乐的科学》343)。那种给他带来这种欢乐之心的"新幸福",那种"在所有有问题事物面前感到的刺激,那种对于 X 的兴奋",不断降临到"带有精神性的、已经获得精神性的

人"身上，就像"明亮的火焰，照亮了所有问题的困境，照亮了所有不安全处境的危险"(《快乐的科学》，"前言"3)。不是人们所臆想的真理，而是一种这样的幸福状态，在尼采看来，表明了一种哲学思考的合理性。

八 责任

诸虚幻定向之批判导致"最苦涩的洞察"："人对其行动和存在之完全不负责任"。

> 一切都是必然性，——新的认识如此说；这种认识本身也是必然性。一切皆无辜：认识乃是通向无辜之洞察的道路。(《人性，太人性》I 107)

然而，自在的和全体的责任越少，个人所要承担的责任也就会越多，其多少取决于他是否属于某种困境中的"邻人"，是否有力量去判断，去决定，去行动，去帮助解脱困境。[147]因此，"基督教的创始人"已经走向"关于每个人的彻底责任和有罪"的相反伦理学说(《人性，太人性》II，"漫游者及其影子"81)。对他来说，还有上帝作为每个人要对其负责的权威机关，但是现在，只有个人自己留下来了。从此，理所应当地，个人的"高度独立的精神性、自我独立的意志、大理性"，他的"高度的和严格的高贵性和自我负责"都变成决定性的(《善恶的彼岸》201)。借助于现在已经变成决定性的东西，个人可以"许诺"，将用他的判断甚至他的单纯存在来为未来担保(《道德的谱系》II 1)。就他为此必须已经克服了"道德的道德性"——道德的"漫长历史"培养出了这样一种责任心——来说，尼采将他称为"独立超道德的个人"或"全权个人"。他意识到自己拥有的这种"罕见自由,这种驾驭自己和命运的权力",这种意识已经"深入到他内心的最深处",变成了"占主导地位的本能"。在他看来,这种意识不是奖赏,而是一种"超乎寻常的特权",必须证明其正当(《道德的谱系》2)。从这种独立的、超道德的自我责任中,从超越传统道德规范的伦理的这种前提条件中,尼采引出最强力的、今天几乎不再能够承受的后果:一个成为人类定向的实验站并扩展了人类的视野的哲学家,因此同时也是"担负最广泛责任之人",他对"人类的整体发展怀有天良",并为了他的"培训和教育工作"甚至必然利用宗教,以及"当下的政治和经济形势"(《善恶的彼岸》61)。但是,除了他的哲学他身无长物,而这种哲学不断处于与其他哲学的竞赛中。

九　尼采的重估之路

[148]价值,不仅道德价值,而且还有宗教、政治、经济、科学以及美学价值,使人的定向固定化;通过其积极-消极之分,价值评判划定了游戏空间的范围:合意和不合意,有益和无益,有利和有害,幸运和危险等等。人们可以在诸价值中进行选择,在一定程度上与它们固定地结合在一起,将它们安置在等级秩序下——以及重估它们:价值导致价值变迁。当价值不再可信,价值就会发生变迁,大多数时候是悄悄的变迁。但是,尼采在十九世纪的价值变迁中发现了一种几千年未有之跃迁(Wandlungsschub),他使十九世纪的价值变迁成为一种突出的、引人关注的现象,并且要求人们有意识地描述这一价值变迁。尼采认为,这是"时代的幸运","人类历史第一次为我们开启了宽广无比的视野,使我们可以看到将地球上的所有人类包括在内的人类大公的(menschlich-ökumenischer)目标",而我们同时又意识到自己拥有力量,

> 可以毫不夸张地接手这一新任务,而无需超自然力相助;是的,即使我们的行动半途而废,即使我们高估了自己的力量,但无论如何,除了对自己,我们根本不必对任何人解释:人类从现在开始可以做他想做的任何事情。(《人性,太人性》下卷,"杂乱无章的观点和箴言"179)

现在，重估价值不再是上帝的事情，而是人类自身的事情，说到底是一个个单独个人的事情。为了实现价值重估，在尼采看来，[149]除了"生命"和生命所带来和要求的"新"之外，再也不需要更多的标准了。在"生命和文化的地平线内"（《人性，太人性》I，234），尼采自己的定向指向地平线扩展和提高的方向。在这里，为价值奠定基础（Begründungen）仅仅在有限的意义上是可能的，因为价值需要奠定基础这一前提本身是有问题的，甚至再也没有比这一前提更有问题的了。因此，尼采寻找和发现了另外的价值重估之路：1. 否定性道路，反驳；2. 假设性道路，视角化；3. 蜕变性道路，揭露；以及 4. 诙谐性道路，仿讽（Parodierung）。

一　反驳

按照尼采对逻辑学的批评，逻辑反驳在哲学中是没有基础的。这种反驳预先假设，逻辑是绝对有效的；但是，在"无可言喻复杂"的现实中，逻辑的反驳者和被反驳者都同样可能是虚浮无根的。没有理由认为，逻辑反驳必须用来工作的概念对立必然在现实中具有某种对应。尼采通过批判性的自我应用而驱使逻辑反驳走向自相矛盾——理性和各种具体理性来源于非理性，道德和各种具体道德来自于极端非道德。与逻辑反驳不同，尼采从"表面性的程度"（《善恶的彼岸》34）出发。概念性对立（begrifflichen Entgegensetzungen），连同产生概念对立的整个问题领域，其中包括众所周知的未解决问题，诸如存在与生成、存在和显现、存在和意识、身体和灵魂、大脑和精神、认识与对象等等之间的关系问题，都消失不见了。与道德相比，逻辑反驳在道德上可能是不适当的："即使某些人的指责对我们不公，也应该欣然接受，不作反驳。倘若我们提出异议甚至驳斥指责者，他会认为这是源自我们的不公，而且是更严重的不公。"(《人性,太人性》I 340)设想如果某人需要一种活下去的道德,无论这种道德有多么不合适,[150]人们都会尽可能地允许他这种道德,并且耐心地等待下去,直到这种道德在历史中自我完成:

> 不是对想要消灭的东西进行嘲笑和玷污,而是应该恭敬地、一而再再而三地把它搁在冰上;要考虑到,观念具有非常顽强的生命力。(《人性,太人性》下卷,"杂乱无章的观点和箴言"211)

"生存条件",尼采在为莎乐美所写下的笔记中写道:"生存的各种条件是不能反驳的:人们只能——让自己不去拥有它们!"(N 1882,1[2],10.9)因为道德规定经常早已丢失了它们最初所拥有的意义,所以,逻辑反驳经常会成为无的放矢(参《朝霞》24)。因此,更需要强调的是美学反驳,"一般趣味的改变":

> 意见及其证明、反驳以及整个精神的化妆游行,都仅仅是一种改变了的趣味的征象,因而可以最确定地说,它不是人们经常以为它们所是的东西,不是其原因。(《快乐的科学》39;N1881,11[109],9.480)

因此,苏格拉底通过他的逻辑辩护所取得的胜利是尤其令人吃惊的。因为人们"知道,并且也能够看到,他是多么丑。但是丑,本身就是一个理由,在希腊人中间几乎就是一个反驳"(《偶像的黄昏》,"苏格拉底问题"3)。但是,在尼采看来,最有道理的反驳是"生理学的"反驳,是关于"思想方式"可以让人生病的经验(N 1884,26[316],11.234,同上)。

二 视角化

尼采此外还放弃了本体论的还原,拒绝将所有被限定者追溯到一个就其本身来说绝对无条件的"存在"("形而上学,作为从绝对存在到有限存在的推理,是荒谬的",N 1883,8[25],10.342)。取而代之,尼采承认从不同立场出发的不同路径选择,并因此是欧洲哲学中第一个尊重定向的视角性的人。在此,[151]尼采合乎实际地从个人的行动出发,并且在他看来,所有认识活动和哲学思考也都属于这种个人的行动:

> 从根本上说,我们的行为是无可比拟地个性化的,独一无二的,无限个体性的,这毫无疑问;然而,一旦我们把自己的行为翻译到意识中,它们就立即面目全非了……我认为,这是真正的现象论和主观视角论。由于动物意识的本质:我们可以意识到的这个世界只是一个表面世界、符号世界。(《快乐的科学》354)

看起来非视角的存在,一般和普遍的存在,恰恰是一种视角,一种纯粹的表面现象。对于非视角存在的信仰,甚至也包括以康德的先天综合判断形式出现的非视角存在信仰,也许作为一种属于生命的透视-光学的前景信仰和表面现象是"必须的"。然而,将这种"视角性存在,所有生命的这种根本条件",在古老的柏拉图主义的意义上,看作某些本身存在者(康德以及柏拉图自己都未能避免的错误),乃是"让真理头脚倒立"(《善恶的彼岸》,"前言")。就现象论和视角主义本身来说,它们也只能悖论性地加以主张(同样,关于定向本身,人们只能在其自身的限定条件下对其进行定向)。尼采表明,他是如何同时一方面自我辩护另一方面又自我反驳的。尼采的辩护是这样的:"一个没有解释、没有'意义'的个别生存,完全就是不生存",也就是说,"一切个别生存根本上都是进行解释的个别生存"。因为我们无论如何"不能看到我们自己的角度",不能把其他的视角拿来当作我们自己的视角,我们因此也就不能正面确定,事实上存在着其他的视角,因此,我们同时又反驳了这一主张。因此,视角主义只能是一种假设,并作为假设不是任何正面主张,相反只是一种否定性的让步和承认。尼采谨慎而准确地构想,我们不能"拒绝这样的可能性":[152]"世界"(或我们愿意的任何称呼)"在自身中包含有无限的解释"(《快乐的科学》374)。解释乃是视角性的知识;它们是无穷无尽的,因为它们永远不会结束,在不断更新的视角中不断更新解释永远是可能的;甚至这也是一种自我指涉-悖论性的表述:

> 假设这种说法也仅仅是解释——你们就要忍不住这样反驳了吗?好吧,那更好。(《善恶的彼岸》22)

因此,其自身并没有变成一种实质性学说的视角主义意味着和永远提示着实质性学说之外的其他可能性,或永远保存着现实的无比复杂性。尼采的不同寻常的复数化,也是为这个目的服务的(参本书第四章),特别是从"道德"到"各种道德"的复数化("多种极为不同的道德",《朝霞》9 和其他多处)。在完全致力于"重估一切价值"的《道德的谱系》(《道德的谱系》I 8,III 27)中,尼采将道德三重视角化:在其自身视角中,"道德"只承认自己是"善",而将每一个不同于自己的对立命题都作为恶排除在外。但是,在生命的广阔视角中,开始出现一个问题:这样一种道德在多大程度上是导致健康或导致疾病的,也就是从生理学上来说是好还是坏的。不是对所有人而言是好还是坏,而是按照个人和群体强或弱的程度,它们对个人或群体而言是好还是坏的。而在尼采看来,个人或群体是弱的,如果他们依附于一种占支配地位的道德,以便他们在自己和别人面前能够立足;而在另外一些情况下,他们则是强的,或用(反射性的)道德语言来说,是"高贵的",如果他们能自我承担责任,或者用(攻击性的)政治语言来说,是主人,而非某种道德的奴隶。在精神的视角中(参本书第八章第四节),这一区别将再次被超越。因为在这一视角下,人们会承认每个人都有在他的条件下属于他的道德的权利,以及反过来又以悖论性的方式必须公正地反对[153]不公正性,无论是其他人的还是他自己的不公正性。

三 揭露

价值重估的揭露之路在尼采那里采取了四种不同方式,分别是画问号、困境的索隐、尼采所理解的灵魂学,以及尼采所理解的谱系学。

1. 画问号:作为批判性的哲学家,尼采将"此世生存价值何在的大问号"画在最高处(《悲剧的诞生》,"前言"1)。"狄俄尼索斯的名字"仅仅是"又一个问号"(同上,3),"一种越来越危险的好奇心的问号"(《人性,太人性》I,"前言"3)。尼采的整个哲学都希望成为一个独一无二的"问号"(《快乐的科学》346)。这种哲学因此必然成为怀疑的("越多怀疑,越多哲学",同上),但是,他同时又在怀疑的后面同样也打上一个问号。因为为了能够生活,人们两者都需要:信任和怀疑。绝对的信任会危及生命,而绝对的怀疑会使生命丧失行动能力。它们对生命的价值还悬而未决:

> 什么？希望—不让—自己—受骗是否真的就更不那么有害,更不那么危险,更不那么灾难性——你们关于个体存在预先究竟知道什么,让你们能够决定,到底是绝对怀疑还是绝对信任会给你们带来更大利益？(《快乐的科学》344)

一种最后裁决的最高机关在这里同样也是不存在的。假设存在这样一种机关,人们则又必须信任它们。因此,在每天的定向中,人们在怀疑和信任两者之间摇摆。作为哲学家,人们将由此发展起一种根本性的"疑心",一种"针对我们自己的坚定的、根本的、最深刻的疑心,这种疑心越来越多地和越来越糟糕地控制了我们欧洲人",同时使我们面临"虚无主义"——人们随时准备一瞥虚无主义的深渊(《快乐的科学》346,参本书第十一章第一节)。疑虑重重地到处看到"可疑"的影子,同时没有一个确定的机会发泄这种怀疑,[154]人们因此会感到怨恨。如果可以在保持某一"猜疑"的同时拥有给定的发泄出口,则仍然可以保持快乐。尼采曾经欢迎人们将他的哲学称为一所"怀疑学校"(《人性,太人性》I,"前言"1)。但是,甚至这种哲学也同样可能重新成为"深渊"。一个哲学家,尼采认为,"今天有责任怀疑,有责任从每一种怀疑的深渊发出最不怀好意的瞥视"(《善恶的彼岸》34)。

2. 困境的索隐:当人们发现,在某种哲学背后隐藏着完全不同的需要、冲动、困境,而哲学仅仅是其面具,针对这种哲学的怀疑就会变成深渊似的。尼采在其揭露事业中,遵循一种困境索隐方法,制定了雄心勃勃的计划,力图研究"人类的困境直到其最后的后果"(N 1880,5[46],9.192;N 1881,15[9],9.636),甚至直到其哲学解释:

[谁]思考人的基本冲动,试图发现在什么程度上这些冲动作为具有鼓动作用的精神(或者作为魔神或精灵)可能恰恰在这里发挥了作用,谁就会发现他们全都在某个时候已经在从事哲学。(《善恶的彼岸》6)

然而,从困境得出的概括只能是极其有限的,"许多各不相同的个人"也会有"许多各不相同的困境"(《快乐的科学》149)。因此,对于每一种宗教、道德、哲学、科学,人们都必须单独去探讨。但是,由于人们看到的永远只是"表面",也就是宗教等等产物,以及那本身同样是"表面地"整理出来的、在生命中才有其创造者的东西,所以关于这些它们背后的困境,人们必须"猜测"。困境的索隐乃是一种"试探性解谜者"的艺术(《朝霞》113)。试探性解谜者先于生命问题上的所有理论。人们在此必须将模糊的症状和象征理解为假设的支点,人们也许可以利用它们建造科学理论,使说明得以可能。[155]因此尼采关于第一个哲学家泰勒斯写道:"一种天才的预感会向他指明这些安全地带的所在,他老远就可以猜到这些可以证明的安全地带的确切位置。"(《希腊悲剧时代的哲学》3,1.814)在此,尼采的榜样仍然是解谜者俄狄浦斯,他打开了自身的深渊。甚至最基本的知觉活动也包含有猜测。人类彼此之间永远只有表面,因此也只能永远互相猜测。"恐惧的人将会猜测,他人是谁,他能做什么,他愿意做什么:在这些问题上搞错,是危险和不利的"(《朝霞》309)。通过这种方式留下来的永远只是"片刻的认识和猜测"(《朝霞》314),而定向因此总是不能安定下来的:"发现和揭示的躁动变得如此让我们着迷和为我们所不可缺少,正如不幸的恋情使恋爱者着迷和不能自拔"(《朝霞》429)。在视觉中人们根据看到的很少的东西进行猜测,在听觉中根据听到的少量声音进行猜测,在阅读中根据读到的很少的词组进行猜测,猜测没有看到、没有听到、没有读到的,编造出其余全部的东西(参 N 1881,11[13],9.445,u.11[18],9.448)。"不过最能说明问题的还是音乐,在音乐中我们每个人都是迅速和微妙领悟情感和发生同感的大师"(《朝霞》142)。在这个过程中,一种冲动激发另一种冲动,"每一种都沉迷幻想,并希望它那种错误得到贯彻实行。然而每一个这样的错误转眼又会成为其他冲动的理由(例如,矛盾和分析等等)"(N 1881,11[119],9.483;参《善恶的彼岸》192)。尼采让他的《扎拉图斯特拉如是说》中充满了"谜语陶醉者",

> 爱好朦胧之光的人,听到笛声就让你们的灵魂被勾引到任何魔法深渊的人:/因为你们不想用胆怯的手顺着一根线摸索前进,你们能猜得出的,你们就讨厌去推断。(《扎拉图斯特拉如是说》III,"幻影和谜"1,4.197)

尼采还将"历史感"安置在这里,作为"迅速领悟价值评价秩序的能力,根据这种能力,一个民族,一个社会,一个人安排其生活"[156](《善恶的彼岸》224),以及最后,同样被安置在这里的还有"狄俄尼索斯式的人",对于这样的人来说,"不去理解任何一种暗示"是不可能的:"他不会放过任何情绪标记,他具有最强烈的领悟和猜测的本能,正如他握有最高度的传达技巧一样。"(《偶像的黄昏》,"一个不合时宜者的漫游"10)

3. 灵魂学:就与个人的关联来说,尼采将他的困境的索隐称为"灵魂学"。他希望这种灵魂学能够穿透道德表面的阻力,进入到"深处",目的是"从迄今为止所写下的东西中,认识迄今为止被隐瞒的东西的征象",并使其成为"通向根本问题之路"(《善恶的彼岸》23)。灵魂学的"猎场"应该是"人类的灵魂及其边界,人类内心经验迄今最终获得的领土,这种经验的高度、深度和广度,灵魂迄今为止的整个历史及其尚未穷尽的各种可能性"(《善恶的彼岸》45);他的目的与其说是"灵魂假设的新理解和精致化",不如说是"冲动和情感的社会建构"(《善恶的彼岸》12)。但是,这种灵魂学的目光还必须同时首先也指向灵魂学家自身,而为了获得必要的"敏锐性",他必须"也许自身就是极端深刻的,极端惊人的,极端巨大的,正如帕斯卡尔的智力良心之所是"(《善恶的彼岸》45)。首先,"自我质问、自我诱惑"有助于获得"更敏锐的眼睛":

> 能比过去更准确地看出患病思想家作为病人会不由自主地被引导或被误导进入什么样的思想的歧途、小巷、小憩之所、向阳的地方;能知道病体以及病体的需求会在不知不觉中把思想逼迫、推动、吸引至何方——向着光明、寂静、温和、忍耐、药物和某种意义上的安慰。(《快乐的科学》,"前言"2)

他因此也许会去猜想,[157]如何"在耶稣生平的神圣寓言和外衣下,隐藏着为了爱的知识而牺牲的最痛苦事例之一"(《善恶的彼岸》269),而这位宗教创始人本人也应该是最大的解谜者才对:"宗教创始人的重要性及其首创精神通常就表现在,他看到并选择这种生活方式,在于他首先认识到它的功用,知道如何阐释这种功用"(《快乐的科学》353)。尼采将其《道德的谱系》全部作为一种这样的猜谜艺术而建立起来。

4. 谱系学:尼采将"谱系学"概念特别应用于道德。在《道德的谱系》中,使用困境索隐的方法,尼采对整个欧洲道德进行简明和连贯的分析。当道德价值的道德之外起源被揭露出来,道德所赖以为生的绝对的有效性就会不复存在。通过(在道德之外的意义上)区分真理和谎言,尼采在《非道德意义上的真理和谎言》中已经开始了其谱系学研究,而作为《历史对于人生的利弊》中的"批判的历史",以及作为"道德感觉的历史"(《人性,太人性》上卷,第二章)和作为"道德的自然史"(《善恶的彼岸》第五章),尼采继续了推进这种研究。在《道德的谱系》中,尼采表明,我们所推测的起源总是不断消失在不确定的过去的迷雾中,因此和所有谱系研究——尼采的"谱系学"概念就是从这里转借过来的——一样,必然以不确定性终结。它们越来越成为假设性的,而道德越来越成为不那么自明的。尼采最站得住脚的部分,同样也是在《道德的谱系》中,是关于道德之残忍的文明化。在《瞧这个人》中,尼采以"基督教道德的揭露"的历史命定性作为结束,而他这位"揭露者"自己也因此成为命运:"在这一点上启了蒙的人,就是铁腕人物,就是命运——他把历史折为两段。"(《瞧这个人》,"为什么我是命运"8)

四 仿讽

[158]价值重估的幽默道路看起来是最容易的道路。这条道路是最难回溯分析的。它也是让尼采感到最困难的道路。这条道路在他那里每每最后变得不可辨认。他希望道德变得严肃——而他的方式却是对于最严肃的东西的反讽。在《快乐的科学》第五章的最后,尼采提出了他的"另外的理想":

> 一种人性甚至超人性的幸福和善意的理想,可是它又常常显得非人性[……],同迄今的全部尘世的严肃相比,与一切庄重的表情、言词、声调、眼神、道德和使命相比,它看上去就像是它们的最典型和不自觉的仿讽。(《快乐的科学》382)

九 尼采的重估之路 147

一旦将仿讽和严肃并列,严肃就会失去其严肃性,其庄严的激情就会自我瓦解。尼采似乎在《扎拉图斯特拉如是说》中已经预先具有了类似观念:"扎拉图斯特拉,"尼采在笔记中写道,"出于他的丰富性,一直不断地对所有以前的价值进行仿讽。"(N 1886/87,7[54],12.313)尼采让扎拉图斯特拉与"高人"一起庆祝"驴子节",随后又让鸽子还有一只笑着的狮子围着他。但是,扎拉图斯特拉一直沉默和哭泣,陷入一种奇异的沉醉中。狮子这时重新向那些走近的高人们咆哮起来。扎拉图斯特拉愤怒地笑起来,然后再次陷入沉思之中,之后由于对于高人们的同情而大叫起来。最后,他像一轮朝阳一样,呼唤一个新的、"伟大的"正午(《扎拉图斯特拉如是说》IV,"论符号")。然后,类似但不那么生动的描述出现在《快乐的科学》第五卷(作于 1887 年)的结尾。《快乐的科学》382 以对于《扎拉图斯特拉如是说》的一个提示结束:"——然而,也许正因为这种理想,伟大的严肃才真正出现,人们才画出真正的问号,心灵的命运才出现转机,时针才移动,悲剧才开始⋯⋯"在《快乐的科学》第四卷的结尾(作于 1882 年)尼采用同一句"悲剧开始了"来开始《扎拉图斯特拉如是说》(《快乐的科学》342)。是否全部《快乐的科学》,作为"快乐的科学",乃是对《扎拉图斯特拉如是说》的一个仿讽[159](就像前奏和后歌对于《快乐的科学》的仿讽),而《扎拉图斯特拉如是说》现在应该重新作为悲剧开始——现在作为对快乐的仿讽的悲剧性仿讽?《快乐的科学》的新前言(作于 1886/1887)似乎证实了这一看法:

"悲剧开始了",这部可疑而天真烂漫之书在结尾时这样回答。当心!某些十足居心不良、跳跟蹒突的东西——"仿讽开始了"——宣告将要来临。这是毫无疑问的⋯⋯(《快乐的科学》,"前言"1)

那么,到底什么是严肃,什么是仿讽?在一种对于严肃的仿讽中,仿讽不能说自己是仿讽,因为它应该严肃地对待自己。在这个问题上,人们几乎是不能确定的,甚至就应该是不能确定的。在"伟大的严肃"中,仿讽应该包括悲剧,而悲剧应该包括仿讽。因此,它应该是狄俄尼索斯的另一个名字。它一直是一个谜,因此它不变地对应于尼采的"未来的哲人"的概念(未来的哲人应该永远是谜):

> 因为这属于他的本性,希望在某些方面一直保留为谜。(《善恶的彼岸》42)

十 《扎拉图斯特拉如是说》中的教导和反教导

[160]在《扎拉图斯特拉如是说》这部史诗–喜剧–抒情诗性质的教育诗中,尼采展示了他在诸格言体著作中处理过的许多主题,只是在这里,这些主题是以一位拥有最高权威的教导者之教导的形式出现的。此外,尼采还让他并不想与之混为一谈的扎拉图斯特拉,教导关于超人和同一物之永恒复返的学说,这两个学说也成了他的最著名的学说。然而,这两个学说与其说是尼采的标志性学说,不如说是尼采所发明的教师扎拉图斯特拉的标志性学说,并且尼采让扎拉图斯特拉最后在这两个学说上以失败告终(参本书第四章第三节)。尼采通过各篇扎拉图斯特拉演讲的题目暗示,扎拉图斯特拉的脚步是渐渐从学说的形式后退的。带有学说的篇章总是以"论……"("论三种变形""论美德的教席"等等)为题。该书第一卷的全部题目都是这样,第二卷则降到三分之二,第三卷降到大约一半,到了第四卷则只有十分之一。取代学说的是描述和歌("持镜的孩子""在幸福岛上""夜歌""舞蹈之歌"等等),最后是"符号"。尼采让全部扎拉图斯特拉诗歌最后归结为一个符号,一个为扎拉图斯特拉保留的符号(笑着的狮子)。关于他自己的学说,扎拉图斯特拉只能给出符号。扎拉图斯特拉给予市场上的民众、他的弟子们、他的动物、"高人们"以符号,这些人能够理解或误

解这些符号,但从来没有一次能够将其作为符号来认识。另一方面,[161]扎拉图斯特拉自己又是尼采的"符示"(Semiotik),一个符号,他的读者能够理解或误解符号,但从来没有一次将其作为符号来认识。因此,对于扎拉图斯特拉的教导,人们必须非常谨慎,特别是被首先归之于扎拉图斯特拉的关于超人和同一物永恒复返的教导。

一 赠礼(赠予与创造)

按照教育诗的史诗布局,教导以故事的形式讲述。赠予的美德拉开了教导的序幕。扎拉图斯特拉在开始教导这一美德之前,已经从太阳那里学习了这一美德(在书的最后,他离开"他的山洞,就像从黑黢黢的山后升起的朝阳,热烈而强壮",这时他刚刚学习期满。参《扎拉图斯特拉如是说》IV,"预兆",4.408)。从赠予光明、温暖、生命的太阳那里,他希望学习赠送、给予和出于充溢的放弃,他用太阳来鼓励自己走到人们中间,太阳将他引向教导,因此,随后的教导必须根据太阳来理解。他的教导必然失败。教导,可教导之物,乃是希腊数学,只有数学是严格可教导的,因为数学只涉及符号中间连结的规则,而不涉及生命情境。只有数学能够像康德所说的那样"由于其自明性而作为一种似乎确定和不变的学说而被接受",而自然科学只有在其符合这种数学标准的情况下,才是"真正的科学"。① 这种严格普遍性是被建构出来的,是人们意愿的结果。就此外所有其他类型的学说来说,尼采通过《扎拉图斯特拉如是说》

---

① Kant,《逻辑学讲义》(*Logik*, Einleitung, III: Begriff von der Philosophie überhaupt, AA IX. 26);《自然科学的形而上学初步基础》(*Metaphysische Anfangsgründe der Naturwissenschaft*, Vorrede, AA IV. 470)。

表明,这一意志面对超复杂的现实时有其边界限制。由于每个个人的定向及其各自立场和视角的分离,符号在游戏空间中每次都会被加以不同的理解;[162]人们可以察觉和限制这一"不同理解",但是永远不可能完全予以消除(除非是通过数学)。"对每一个灵魂",尼采让他笔下的扎拉图斯特拉说,"都有一个不同的世界;对于每个灵魂,每个另外的灵魂都是一个背后世界"(《扎拉图斯特拉如是说》III,"康复者"2,4.272)。在与数学不同的其他定向中,符号可以起某种作用,但不能普遍有效地规定"如何"和"什么",否则这又假定了在定向彼岸存在一种立场,一种纯粹的理论观点。这种不可计算的作用,用扎拉图斯特拉的话来说,乃是一种"给予""赠送"和"创造":一种给予,不期待欣然接受;一种赠送,不需要做出回报;一种创造,推动一种不同的定向按照它自己的方式继续前进。就像太阳的作用一样,这种作用在这种意义上给予、赠送和创造——但并不教导。确实,大多数人想要同向性、对立性、可计算性(Gleichsinnigkeit, Gegenseitigkeit und Berechenbarkeit),以及因此成为可能的普遍性行为学说。特别是那些极端虚弱者,他们虚弱得无法追随他们自己的伦理定向,因而盼望一种支配性的道德(参本书第七章第二节)。给予者、赠送者、创造者让他们感到惶恐不安("你能把你自定的善与恶给予你自己,把你的意志像法律一样高悬在你的头上吗?"《扎拉图斯特拉如是说》I,"通向创造者之路",4.81)。他们想要得到他们能够照办的教导,还想要他们自己可以从中得出必然结论的赠礼。因此,当扎拉图斯特拉教导给予、赠送和创造时,他的努力是不无悖论性的。

二 超人

扎拉图斯特拉的所有教导,特别是关于超人的教导,以及关于同一物的永恒复返的教导,乃是这种意义上的赠礼。尼采在为自己保留的笔记中,最后谈到对他来说是"必须"的"反概念":"这一强有力的反概念是我所必须的,[163]这一反概念的光辉将照进那虚浮和谎言的深渊——也就是迄今所说的道德。"(N 1888,23 [3],13. 603)关于超人的教导和关于同一物永恒复返的教导已经证明了其耀眼的光辉。然而,这种光辉却是从新的形而上学解释——特别是海德格尔的形而上学解释——迸射出来的。作为悖论性的教导,它们是对自己的可教导性提出质疑的反教导(Anti - Lehren)。扎拉图斯特拉用超人的教导反对"末人"(《扎拉图斯特拉如是说》,"前言"5)。末人是这样的人,他将自己看作是最末的,意思是从他之后人不再能够被提高,而他对他自己和他自己的图像的概念也是最后的、确定的以及因此普遍有效的。末人是这样的人,他需要普遍的同向性、对立性和可计算性,以及因此还有普遍性行为理论。扎拉图斯特拉后来称其为"小人",因为他没有需要超越自己奔向的伟大。末人或小人使自己在本体论上和道德上成为一切的规范。扎拉图斯特拉与此相反,他关心的是,为了实现个人的新定向的可能性和生活的可能性而超越似乎普遍有效的本体论的和道德的规范。为此,他并没有提供任何普遍有效的超人概念,而是提供了多层次可解释的符号、不断改变形态的图像,特别是江河、湖泊、河流、小溪和海洋等等隐喻,但也包括其他形象的、故意反其道而行之的隐喻,诸如闪电、台阶、桥梁、云朵、诸神、魔鬼。尼采从未使超人符号在这一隐喻网络中变成"固定"的,而是通过这一符号为不断更新的发现创造原动力——人如何能够从他们目前似乎永恒的人性中脱颖而出。因此,超人并不能被教导,而只是因为人们期待教导,尼采才第一次为他们提供作为教导的超人符号。只有当他们开始[164]从一种固定的关于人的概念(诸如"理性"生物或"善"和道德正确的人等概念)里解脱出来,他们才能不仅"更自由地"理解他们自己,而且更自由地理解其他一切,才能为定向赢得新的游戏空间。但是,如果"超人"反过来被作为人种和个人可以被安置在其下面的类概念来理解,那么,超人也就成了一个"末人",他的目光只盯住眼前,只盯住压倒性的和强有力的、从支配性道德的观点看是残暴的当下存在(dem jetzigen)。尼采为此也许是有意识地亲自不断引诱,方法是利用亚历山大、凯撒或拿破仑等历史人物的影响。然而,虽然他们被认为是规范,但超人被认为已经成为过去,不会像将扎拉图斯特拉从洞中唤起的扎拉图斯特拉符号那样到来。① 超出当下人类的超人,永远只能是某种未来的存在。

三 永恒复返

末人或小人的存在是永恒复返思想让尼采深刻反感的原因。("啊,我吐!我吐!我吐!")这种反感是尼采让扎拉图斯特拉对永恒复返思想表达出来的唯一反感——扎拉图斯特拉关于这一思想所读的其他一切以被动物改编的"手摇风琴曲"的形式出现("存在之轮永恒转动","你是永恒复返的教师","你教导说,有一个伟大的生成之年"。参《扎拉图斯特拉如是说》III,"康复者"2,4.272,275 以下)。恰恰是由于他的超人思想,一种永恒复返的思想让扎拉图斯特拉感到震惊,这种思想变成了他的"深渊似的思想"(《扎拉图斯特拉如是说》,"论幻影和谜"2,4.199;参《扎拉图斯特拉如是说》III,"违背意愿的幸福",4.205)。通过永恒复返的反概念或反教导,扎拉图斯特拉反对的不仅是一种固定的、无时间性的关于

---

① [译注]作为扎拉图斯特拉的符号的狮子最后来到他的身边,所以扎拉图斯特拉说:"我的孩子们走近来了。"

人的概念,而且是固定的、无时间性的,[165]并因而是形而上学的概念本身。通过"超人"概念,扎拉图斯特拉似乎只是创造了一个超常之人的概念,同样,通过同一物永恒复返思想,他似乎也仅仅是创造了一种新的形而上学。"永恒"和"同一物"绝对是形而上学的概念,而被认为永恒和同一复返的"一切"也是如此。康德早已指出,"一切"在任何时候都不能在经验中加以把握,因而是超验的。但是,正如在超人概念那里一样,尼采现在让他的扎拉图斯特拉在形而上学概念中引入时间——如果永恒复返,那么,永恒就不再是一种存在,而是时间;在时间中,一切保持同一,一切同时又变成其他东西。这样的时间,巴门尼德作为形而上学创始人已经看到,而亚里士多德也曾经详细描述过。这种时间乃是某种悖论性的存在。时间将被纳入其控制之下的一切都置于这种悖论中。尼采将形而上学悖论化。形而上学力图将时间清除出去,而尼采将时间重新带回形而上学之中。同一物之永恒复返是悖论,一方面,这一思想是不能无矛盾地被设想的,另一方面,同一物永恒复返根本就不能被认识。因为要认识一切都不变地复返,人们必须能够区分早先的和随后的复返,而为此他们必须根据某些标志——哪怕是单纯的复返次数——来加以区分。然而这样一来,也就不是所谓同一物复返了。如果为了能够辨别复返,除了假设复返以外,人们还要采取那种纯理论观点或神的观点,采取形而上学总是采取的那种观点,那么,就不是所有事物都处在复返之中。因为显然,那一观点静止不动,并没有去而复返。由于造成相互矛盾的影响,同一物永恒复返的思想同样也不是什么教导,而更多地是一种赠礼。因此,我们看到,由于这一思想,所有仿佛无时间性的概念都同时脱颖而出,而人们相信可以通过抓住这些概念——[166]作为悖论性的形而上学幻想——"固定"自己。其中包括,或更准确地说,其中最重要的,恰恰是这样一些概念,这些概念是人们从自身中自己制造出来的,目的是接受一种看来绝对的观察立场,并且同时在这过程中能够不受损害地在自己和其他人眼里立足。这就是永恒复返思想,它要求把一切,也包括那些人在自身中和在生活中希望不惜任何代价看到其复返的事物,在人自己的现实的深渊面前,作为永恒复返之物来思考。这使这一思想变得难以承受,因此,在《扎拉图斯特拉如是说》之前,尼采在《快乐的科学》341 中这样宣布这一思想:

> 倘若这想法支配了你,你的存在就会被这想法改变,说不定会被这想法碾碎。"你愿意万事万物都重来和无数次地重来吗?"这个问题将像最沉重的巨石压得你无法行动!否则,你必须变得对你自己和对生活多么友善,才能除了这一终极永恒的确证和完结之外不再热烈盼望任何东西?

在《扎拉图斯特拉如是说》之后,在《善恶的彼岸》56 中,在似乎同样在没有直接提到永恒复返思想的名称的情况下,尼采再次谈到这一思想,将其视为 circulus vitiosus deus,字面意思为"充满错误的循环之神"。尼采在这里谈到一个"戏剧",连"最勇敢、最充满活力和最肯定世界的人"也仍然渴望这一戏剧。这样的人在"深处",在其未知和不可知的深处,仍然"需要戏剧,仍然使戏剧成为必须的:因为他不断需要戏剧的虚幻的概念,不断使戏剧的虚幻的概念成为必须",只有这样他才能以某种方式谈论自己。但是关于这些概念,他却知道,它们是没有根据的"应急谎言"而已。这是一个已经预先假定他所希望证明的东西的"恶循环",因为为了掩盖作为生活必须的幻想的起源,它将其作为逻辑上必然的来证明,而所谓"循环之神"的"神"在于:因此作为最高的和最广泛的幻想,形而上学的神得到证明,[167]以及因此更多的"恶循环"得到证明——他的全能本来就使这种证明成为可能。同一物永恒复返的思想完成了恶循环,没有神的恶循环。但是,当尼采在《偶像的黄昏》的最后,再次返回到这一点上时。他第一次"严肃对待那一以狄俄尼索斯为名的神奇现象",他在狄俄尼索斯以及希腊人所献给他的崇拜仪式中看到,永恒复返的思想已经包括在内,"永恒的生命,生命的永恒复返;被允诺和贡献在过去之中的未来;超越于死亡和变化之上的胜利的生命之肯定;真正的生命即通过生殖,通过性的神秘而延续的总体生命",并且现在他也将自己等同为永恒复返的"教导者",

——我,哲学家狄俄尼索斯的最后一个弟子,——我,永恒复返的教师……"(《偶像的黄昏》,"我感谢古人什么"4-5)

但是,即使在这里,通过用省略号来结束,他使概念性的自我确定又重新成为可疑的。在这一点上,当尼采在随后的《瞧这个人》中重复提到他对狄俄尼索斯的新发现时,他将这一思想假设性地归于赫拉克利特:

"永恒复返"学说,即万物的绝对和无限重复循环——扎拉图斯特拉的这一学说,最终也可以说是赫拉克利特所主张的学说。(《瞧这个人》,"《悲剧的诞生》"2-3)

但是最后,还是只有扎拉图斯特拉"思考了'深渊似的思想'":如果一切都永恒复返,则小人也会永恒复返,"虽然这完全不算是对人的生存的反驳,更不算是对人的生存的永恒回归的反驳",在这方面扎拉图斯特拉与狄俄尼索斯相似("但这仍然还是狄俄尼索斯的想法",《瞧这个人》,"《扎拉图斯特拉如是说》"6)。

四　权力意志

最后,同样在《扎拉图斯特拉如是说》中登场的权力意志"学说",也应该作为强力的反概念和反学说来理解。[168]在这一学说中,尼采让"生命"本身告诉扎拉图斯特拉"生命的秘密"(《扎拉图斯特拉如是说》II,"论自我克服",4.148),而扎拉图斯特拉不是将其宣布为生命的学说,而是同样坚持将它们作为生命本身的秘密来看待。尼采让扎拉图斯特拉明确拒绝权力意志的形而上学解释,拒绝用对于生存的一种乐观主义的意志代替对于生存的叔本华悲观主义意志。

> 用"追求生存的意志"这句话的箭向真理射去的人,他当然射不中:这个意志——并不存在！因为,既然是不存在者,就不能有意志;可以,既已生存,怎能还想要追求生存哩！(同上,4.148 以下)

权力意志的反教导,甚至比关于超人的反教导或关于同一物的永恒复返的反教导更深入,直接将表面上无时间性概念的形成(Bildung)作为攻击目标。通过这一反教导,尼采力图思考位于形而上学幻想之彼岸的现实。关于普遍有效的、无时间性的概念的形而上学幻想一旦被放弃,权力意志(复数)就会凸现出来。这样,万物都彼此直接面对,每一个事物都对其余一切事物做出反应,将自己与其他事物联合起来或与其他事物分离开来,或者被其他事物吸收,或者与其他事物发生冲撞,或者被其他事物所压倒,或者压倒其他事物。"一个事物,一种风俗,一个机体的'发展'"因此不再表现为

"朝向某个目标的进步",

> 更不用说什么合乎逻辑并且是最短路线和最小耗费力量和成本而获得的进步,——而是表现为深刻或肤浅之物、互相依赖或相对独立之物的先后次序,表现为凭借这种次序而完成的战胜过程,包括那相反的每次都要花费掉的阻力,为了保卫和反击所尝试的形态改变,还有成功了的对策的结果。[因此]形式是可变的,[169]而"意义"的可变性更大……(《道德的谱系》II 12)

从根本上说,意志同样也不存在,正如尼采自己所写下的:"1. 一切意志反对一切意志; 2. 根本就没有什么意志"(N 1886/87,5[9],12.187)。当人们说"意志",如果他所谈论的不是为某些事物奠定基础、而其他人可以与之认同的意志,而是在其他人拒绝给予认同时的他的强制,那么就会出现如人们所说的"意志反对意志"。通过关于意志的谈论,尼采追溯到理性概念及其为一切事物提供的"好理由"的背后。在这一点上叔本华领先于他。强行的意志不可避免地通向争执,并由此通向权力的裁决,通向一个意志对于另一个意志的压倒。就此而言,意志总是已经是权力意志,而因为权力在争执中总是处于危险中,因此就其本身而言必须一直保持为权力意志。在尼采看来,在生命中,没有什么是没有权力意志的,连看起来与权力意志对立的理性也是如此。按照他的观点,理性完全是用良好理由的展示来取代权力之争执的意志。在《扎拉图斯特拉如是说》之后,在《善恶的彼岸》13,尼采根据方法论的理由推荐关于权力意志的说法。他首先建议灵魂学家"警惕目的论原则的泛滥":为了"节约原则",与其谈论"自我保存本能",不如谈论权力意志,因为"任何活着的东西都意愿释放其力量"。物理学家谈论"自然的规律性",其中也许隐含着一种道德偏见("规律的到处有效,——在这方面自然与我们并无不同,因此也并不比我们更好"),因此仍然可以加以批判性的质疑,最节省的、最无预设的假设在此是:尽管世界具有"一种'必然'和'可计算'进程,但并非是因为世界中有规律支配的结果,[170]而是因为规律在其中绝对缺乏,每一个权力在每一个瞬间都造成其全部后果"。在这方面,这种假设甚至还将自身包括在内("当然,这也仅仅是解释[……]"《善恶的彼岸》22)。然后,在《善恶的彼岸》36 中,对于他的著名结语"'权力意志',岂有他哉",尼采仍然一以贯之,但并不是作为某种形而上学教条("这个世界即是权力意志——岂有他哉! N 1885,38 [12],11.611),如广为传播的这段笔记表现出来、而意向中的"主要著作"《权力意志》的编者作为形而上学大厦之顶峰竖立起来的那样,而是再次通过一个采用虚拟语气并且放在引号中的假设("它完全可以被认为是'权力意志',岂有他哉")。在《道德的谱系》中,尼采甚至更尖锐地将这一假设理解为"历史方法的主要观点"和纯粹的"理论"("一种在所有发生事件中显示出来的权力意志。"《道德的谱系》II 12)。由于这一假设总是关乎意志反对意志,因此,权力—意志—假设同时也是尼采的多元论的一个形式。由于解释也是从权力意志出发的("权力意志进行解释","解释实际上是一种用来控制某物的手段"——他在笔记中这样写道[N 1885/86,2,[148],12.139f.]),所以这一假设又是他的解释哲学的一个形式;以及因为世界"在其自身中包含有无尽的解释"(《快乐的科学》374),所以这一假设也是其多重视角哲学的一个形式。因此,这一假设可以成为尼采整个哲学的主要形式。权力意志乃是标志概念之时间化的根本符号,标志不可认识之物和逻辑上只能悖论地加以把握之物的符号,然而正是从这种不可理解和不可把握之物中,一切知识和概念性理解才得以可能。

十一　尼采的肯定

[171]尼采致力于将我们的定向激进地解幻想化,最终达到一种伟大的肯定。一种价值重估和重新定向,只有当其同时肯定,提供新的价值和视野,才会成为令人信服的。要将"现实"从"沉重精神"的压迫下解放出来,从虚幻并因此敌视生命之道德对生命的压迫下解放出来,这种解放就必须成为"现实之深化"(《道德的谱系》II 24),重新表明"生成的无辜"(《偶像的黄昏》,"四个大错"7 以下),像快乐嬉戏的孩子一样的无辜。尼采的肯定并不取消其批判,也并不与其批判相矛盾,而是将其包括在肯定之中;尼采同样将他的"强有力的反概念",诸如超人、永恒复返、权力意志,描述为肯定性的。更具有争议性的是尼采对欧洲和世界的政治设计,这些设计从尼采的批判中产生,其中有些直到今天仍然令人着迷,也有一些越来越让人难以接受。但是,这些设计是在"命运之爱"的认识论的和伦理学的视野中以挑衅性的方式提出的。必须从命运之爱出发来理解这些规划。

尼采称他的"本性"是趋向肯定的,它"做出反对和批判仅仅是间接的、不情愿的"(《偶像的黄昏》,"德国人缺少什么"6)。他希望毫无保留地对生命说"是",对生命的本来面目说"是"。然而,每一种肯定同时也是否定,即对肯定之对立面的否定。在《瞧这个人》的回顾中,尼采写道,[172]从他在《扎拉图斯特拉如是说》中树立

了一种新人类型及新价值之后,"我的使命中肯定的部分就结束了"。到了《善恶的彼岸》,

> 那用语言、用行动进行否定的一半提上日程:迄今价值本身的价值重估,伟大的战争,——决定性的日子到来吧!(《瞧这个人》,"善恶的彼岸"1)

决定性的日子将决定谁有能力肯定生命之无辜。支持肯定的决定乃是反对否定的决定,这种否定通过理论和道德来否定生命的活力。但是,针对这种否定意见的否定意见并非仅仅是一个简单的逻辑上的反对,并非通过双重否定而简单地重新获得肯定,而是一种生存上的反对:

> 我反驳,而迄今还没有人被这样反驳过,尽管如此,我却是否定精神的敌人。(《瞧这个人》,"为什么我是命运"1)

一个"否定"的精神习惯于说不,对于他的诸生命条件只能说"否",不愿这些条件永恒返返。在《道德的谱系》中,尼采(与杜林一样)将这种"说否"概括为"怨恨精神"(《道德的谱系》II 11):"怨恨"乃是一种反对生命的防御立场,这种立场从对于"困境"的持久的复仇情感中形成,而按照尼采的看法,在形而上学和基督教中,这种立场找到了其最强有力的支持。针对"怨恨"的否定与出于怨恨的否定之间的区别在于,前者不再需要理论和道德,不再说和不再有什么需要说,不再必须谈论反驳,而是"主权"生命的一种表达,"怨恨"不再必要,当其他人为怨恨支配时,自己能够从怨恨纠缠中摆脱出来,也就是按照尼采的说法,对其做"行动否定"(Nein - thut

《善恶的彼岸》208)。肯定性"行动否定"(《瞧这个人》,"为什么我是命运"2)不再构想一种对所有人都普遍有效的道德的价值和规范;它显示自己,并使这样的构想成为多余的。[173]人们将不希望"变得有所不同"(《瞧这个人》,"为什么我如此聪明"10)。

一 虚无主义

尼采的肯定首先是对虚无主义的肯定。随着宗教的衰亡和进化论——从哲学的观点看这种理论必然造成所有价值的时间化(eine Verzeitlichung aller Wert)——的兴起,得到形而上学支持的基督教的价值不仅仅是贬值了而已;人们同时可以明显地看到,它们本身上千年来一直在使生命贬值。对尼采来说,虚无主义——这一词语自从 18 世纪以来已经在各种不同意义上被使用——意味着:"最高价值""贬值"(《敌基督者》5;N 1887,9[35],12.350),并因此表明它本来就是无价值(虚无)的,它们本来也不可能是最高价值。对此,尼采在其笔记中比在其公开出版的著作中谈得更多。他期待通过他那毫无保留的揭露加速这一贬值过程,甚至是使其爆炸性地贬值:"我是炸药"(《瞧这个人》,"为什么我是命运"1)。尼采从对终极支持、对一种最终确定性的追求中解脱出来。在《善恶的彼岸》10 中,尼采将这种追求描述为一种"真理意志","形而上学家对于已经失去的地位的渴望",

> 最后宁可要一点点确定性,也不愿意要一车美好的可能性;甚至有良心上的狂热的清教徒,他们宁愿至死把自己依托于一个确定的虚无,而不愿依托一个不确定的某种东西。

因此,虚无主义乃是"一个绝望和累得要死的灵魂的标志",他失去了自我定向的力量和投入不可消除的不确定性的勇气。从灵魂学上说,这种灵魂为变得虚弱不堪的人们自愿接受道德约束做好了准备;从历史上说,为形而上学化的基督教做好了准备,[174]为"迄今所见到的对道德问题的最为铺张无度的思索"(《悲剧的诞生》,"前言"5)做好了准备。作为弱者和穷困者的道德(并且只作为他们的道德),基督教,

> 自产生之日起,本质上彻底厌恶生命,只是用所谓"另一个"或"更好的"来世的信仰伪装自己,掩盖自己,美化自己。对"世俗"的憎恨,对情感的诅咒,对美与情欲的恐惧,虚构出一个天堂,以便更好地诽谤尘世,从骨子里对虚无、末日、安息的渴望,直至对"最后的安息日"的渴望,所有这一切,连同基督教只承认道德价值的绝对意志,在我看来,一直是某种"追求毁灭的意志"的各种可能的形式中最危险、最可怕的形式,至少是重病缠身、精疲力竭、厌倦生活、生命萎缩的征兆。(同上)

基督教,按照尼采在其提纲"欧洲虚无主义"中的看法,意在成为"理论上和实践上的虚无主义的伟大的解毒剂",实际上却深化了虚无主义。虚无主义渗透整个欧洲文化,使其养成一种"对道德解释的需要",现在人们已经不愿放弃这种需要,哪怕这种需要的基础和无基础的谱系已经被暴露在光天化日之下:

> 虚无主义现在表现出来,并不是因为生存的痛苦比以前更大了,而是因为人们根本上对"苦恼"的意义,也就是生存的"意义"采取了不信任的态度。一种阐释崩溃了;然而因为这一种阐释被视为阐释本身,所以看起来,仿佛生存中根本就没有什

么意义了,仿佛一切都是徒劳无谓了。

恰恰是对于那些认识到这一点的人来说,此乃"最令人变得消沉的想法,尤其是当人们理解到下面这一点,即:人们受到愚弄,但又没有力量不让自己受愚弄"。人们因此只能通过肯定虚无主义的方式才能克服虚无主义。当像在 19 世纪末的欧洲那样,困境(die Nöte)变得不那么困难的情况下,[175]一种"积极的虚无主义"才成为比较容易的;现在人们或许也有能力提出永恒复返作为生命实验的思想。也许,尼采接着说,这种虚无主义也许根本不再需要。只要人们可以将他们自己形而上学地构想的永恒复返包含在"极端的信仰条款"之下,那么,"最强者"可以恰恰是这样一些人,这些人根本不需要这些条款,相反,他们

> 不仅承认,而且也热爱大量的偶然、荒唐,人们可能认为他们的价值大大降低了,但他们并没有因此变得渺小和虚弱。健康方面的最富有者,足以对付大多数倒霉事,因此并不怎么怕倒霉——这些人,他们确信自己的权力,并且以有意识的骄傲来表现人类已经获得的力量。(N1886/87,5[71],12.211-217)

具有一种自主定向的人——如已经说过的,尼采心目中的这种人的典型是歌德——即使没有复返思想也能够肯定生存。

二 颓废

关于虚无主义在一个时代的文化中的降临,尼采特别在其 1888 年的作品中,用一个通过布尔热 1883 年出版的《论当代心理学》,同时也通过历史和医学文献而得到强化的概念即"颓废"来命名;尼

采将其翻译为"衰退之生命"(《瓦格纳事件》,"后记",以及其他多处)。"颓废"在当代艺术中,特别是在法国和俄国的文学中,以及在——对尼采来说——瓦格纳的音乐中,表现出一种令人着迷的魅力;一本在1886—1889年间发行的独立杂志《颓废》,通过醉酒、倒错、异国风情和对于衰败的兴趣来培育对资产阶级道德的毁坏。虚无主义的诊断就这样在当下直接得到了证实。[176]尼采关注颓废的生理学意义,超过关注其道德和审美意义:

> 人类对于基本本能的这样一种总体偏离,价值判断的这样一种总体颓废,乃是一个真正的问题,是"人"这个动物交给哲学家的真正的谜团——(N1887/88,11[227],13.89)

尼采这样解释颓废:本能,这由于长期练习而变得不由自主的生命之调控,现在四分五裂,以至于人们必须与这种状况战斗,以及在道德中寻找他们的幸福(参《偶像的黄昏》,"苏格拉底问题"11)。尼采在其笔记中写道,颓废,"并不是什么本身要受谴责的东西",而是"生命、生命增长的一个必然结果",生命有上升,也必然有衰落(N 1888,14[75],13.255)。因此,尼采也肯定颓废本身,作为对他的哲学思考的挑战。他在1887/1888年的笔记中这样写道:我是"第一个彻底的欧洲虚无主义者,已经在自身之中彻底经历了虚无主义,——在自身之后,在自身之下,在自身之外……"(11[411],13.255),所以,他又这样写道:

> 和瓦格纳一样,我是这个时代的产儿,也就是说,是一个颓废者。不同的是,我承认这一点,并与之斗争。我身上的哲学家与之斗争。(《瓦格纳事件》,"前言")

还有:"总而言之,我既是个颓废者,也是其对立物。明证之一就是,我在逆境中总是选择正确的对策,而本来的颓废者却总是采取对自己不利的办法。"(《瞧这个人》,"为什么我如此智慧"2)尼采认为自己同时是颓废者及其生存上的对立面。

三 生命的充溢

在尼采身上——如他自己所认为的那样——自我克服的"颓废"要求一种扩展了的生命概念。尼采现在越来越强调,[177]在生命可能性方面,在认识和行动的视角方面,生命可以是"贫穷"和"丰富"的,"极端贫穷"和"充溢"的。生命越是贫穷,其多重性就越是不能展露,也就越是需要通过统一性、普遍性和平均化来限制生命。在尼采看来,甚至"生存斗争"中的自我保存也属于此列。自我保存仅仅是困难处境中的一种"例外",通常情况是"充溢,浪费,甚至荒唐"(《快乐的科学》349)。只是由于一种贫瘠化的生命,欧洲的"艺术和知识"才产生了广泛敌视生命的形而上学和道德。生命可能使一种"对于凝固化、永恒化的要求,一种对于存在的要求"成为必要,也可能使一种"对于毁灭,对于变换,对于新奇,对于未来,对于生成"的要求成为必要。在一种情况下,人们不能忍受变化和永远不断的更新,在另外一种情况下,人们不能忍受整体上一切都静止不变;在这两种情况下,人们力图"对一切都采取一种仇恨态度",以便将他的图像,他的痛苦的图像,压制在事物上,强加在事物上,烙印在事物上,并以此"自我救赎"。人们不仅会因为"生命的贫瘠"而受苦,而且也会因为"生命的充溢"而受苦。当人们不能享受充溢的创造可能性,又不能加以表达,就是这样。当人们找不到人可以与自己分享这种充溢的创造可能性,或者仅仅是传达这种可能性,就是这样。尼采笔下的扎拉图斯特拉就是这方面的典型。但是,只有这样的丰富才能成就"对于生命的悲剧性观点和洞见",成就对于生命之现实的那种严厉和冷静的目光,这种目光无需神化这种现实,反过来倒是可以决定,是否在新的时代里有新的生命和生存可能性为所有人开发出来。如果对于"存在"的渴望来自这样的生命的丰富,来自对于这样一种丰富的感激和热爱,那么,这一事件就几乎不再是哲学,[178]而是按照尼采的说法,"永远是一种神化艺术,比如鲁本斯对酒神的赞颂,哈菲斯的欢愉与揶揄,歌德的明丽和善意,这类艺术将荷马式的荣耀和光明播撒到万事万物"。这样的人已经存在。但是,出于生命的充溢而对于"生成"的渴望,尼采还没有看到。尼采将其保留给一种将要到来的哲学,即"狄俄尼索斯悲观主义"(《快乐的科学》370)。这是一种可以肯定存在和生成、永恒和毁灭、无时间性和时间的哲学思考。因为它们起源于完全不同的需要和困境,所以这种哲学思考不需要一劳永逸地确定下来,而是可以在生命的不同的困境中用不同的方式理解这一生命。然而,一种这样的哲学思考也是为迄今最可怕和最深渊似的洞见所准备并能够对其加以肯定的。随着善的生长,必然还有恶的生长。人性不仅总是在"改进",而且也总是在退化——因为源于一种丰富和过于丰富生命之朝向善的力,不可避免地越过占统治地位的道德,并因而对这种道德来说成为一种恶的力。如果人们不再根据道德偏见判断,那么,所谓善和恶就是"从同一个根生长的";

> 在善的和恶的行动之间并不存在什么类型的不同,而只有最高程度的区分。善行是升华了的恶;恶行则是粗鄙化和愚笨化的善。(《人性,太人性》I 107;《扎拉图斯特拉如是说》I,"论山上的树")

事实上,至少欧洲人,特别是德国人,自从在过去几个世纪以来通过哲学－教育规划而不断"改善",同时也变得越来越能做出最坏的事情,直到千百万人的有组织的残忍谋杀。尼采为之感到恐惧的是,"失败者",[179]当他们一旦开始对"改善"他们的道德失望,

> 他们同样也意愿取得权力,因为他们迫使最强大者成为自己的刽子手。这是[……]"行动否定",既然在虚无主义的时代,一切生存都丧失了"意义"。(N1886/87,5[71],12.216)

显然对此他不再谈论:"即使我们中间最勇敢的人,对于他真正知道的东西也只有很少的勇气……"(《偶像的黄昏》,"格言与箭"2)。

四 等级秩序

尼采衡量生命的丰富和充溢,或多或少是按照其"精神性",也就是定向能力、判断能力和导向能力。因此而产生一种等级秩序。对于诸如希腊或罗马等贵族社会来说,等级秩序还是完全"自然"的,但随着首先是基督教然后是现代道德采取人类平等的立场而越来越不合时宜。基督教妨碍人们看到

> 将人与人分开的深刻不同的等级秩序和等级鸿沟:——这样的人,带着他们的"上帝面前人人平等",到现在为止支配着欧洲的命运,直到最后,一种更渺小的、几乎是可笑的人的类型,一种群居动物,一种急于取悦的、病态的和平庸的东西被培育出来,这就是今天的欧洲人……(《善恶的彼岸》62)

但是,现代人同时又处于社会的功能分化的过程中,越来越需

要个体的能力和技能以及彼此之间互相竞争,因此创造了日益增长的自由空间。因此,应该说,个体现在是不平等的,同时又是平等的;不平等是因为他们的能力和技能是不平等的,平等(或越来越趋向于平等)是因为他们的道德判断是平等的。尼采反对道德平等意识形态,希望使人意识到人与人之间一直存在、不可避免和不可或缺的等级秩序,并将对于等级秩序的道德放逐设立为他的问题:

> ——我为此力图在普选的时代,[180]也就是在每一个人都可以就任何人和任何事而做出判决的时代,重新确立等级秩序。(N1884,26[9],11.152)

尼采肯定等级秩序,而不是肯定个人主义:"我的哲学的目的是等级秩序——不是某种个人主义道德"(N1886/87,7[6],12.280以下)。

尼采首先讨论生理学意义上的等级制。等级秩序始于"较低和较高的功能的区分:器官和本能的等级秩序,表现为下命令者和听命者的区别"。"伦理学的使命",因此不是否定这种秩序,而是"将价值区别作为生理学上的等级秩序——'较高的'和'较低的'('较重要的,较根本的,较不可或缺的,较不可取代的'等等)来分析",分析它们如何不可避免地进入伦理学中(N 1884, 25[411], 11.119)。因为一种道德不过是"人类冲动和行动的一种估值和等级秩序",通常是"一个集体和群体的需要的表达:什么是最值得高兴的,什么是第二和第三值得高兴的,这也是所有个人的价值的决定标准"。因此,

> 有各种极为不同的道德;而考虑到各种群体和集体,国家和社

会仍然处于随时爆发的根本变化中,可以预言,将会出现各种非常偏离的道德。(《快乐的科学》116)

道德哲学家因此必须以道德本身为探讨目标,这样才能在新的时代里重新构造道德,越过"当下支配性的等级秩序"的视野展望未来。但是,要做到这一点,大多数人一方面缺乏"历史感,另一方面他们自己被道德所支配,而这种道德将当下教导为永恒有效的"(N 1885,35[5],11.510,校订)。因此,尼采将一切都尖锐化为等级秩序问题。面对道德几千年的古老压力仍然睁开眼睛去看,这使哲学家成为哲学家。[181]人们同样可以据此测定其等级,看他是否以及如何能够做到这一点,以及是否能够从这一点出发观察所有其他问题。但是,要做到这些,他丰富而深刻的个人生命经验就是必须的,以便人,"经历灵魂中和身体中的多重的不幸和幸运状况的人",最后终于有能力也有资格这样说:

> 这里有一架高高的梯子,我们曾在梯子的横木上停留,我们顺着梯子的横木往上攀登,我们在某个时候自己就曾是梯子上的横木!有的高,有的低,有的在我们的层次,上下差等不计其数,这就是我们目睹的等级。看哪,这就是——我们的问题!(《人性,太人性》,上卷"前言"7)

"当然",尼采自己指出,这说的是"撇开了一切现存社会秩序"的等级秩序(N 1886/87,5[71]14,12.217)。这种等级秩序要深刻得多,反映了"一种灵魂状态的等级秩序,以及这种灵魂状态与之相应的问题的等级秩序;对于任何敢于走进最高问题,而其精神的高度和力量又不能使其注定解决问题的人,最高的问题会无情地将他

们推开"。美德要想生效,必须"被单独获得,培养,继承,消化",对于一个哲学家来说,

> 需要的不仅仅是他的思想有大胆、轻捷、优雅的步态和路线,而是特别需要准备承担伟大的责任,支配和俯视的崇高目光,与群众及其义务和美德分离的情感,对于一切被误解和诋毁的东西的不可消除的保护和捍卫,无论其是神还是魔鬼,伟大的正义带来的快乐和练习,命令的艺术,意志的广阔,迟缓的目光,很少赞扬,很少仰视,很少爱……(《善恶的彼岸》213)

"人与人之间"的等级秩序因此首先是"道德和道德之间"的等级秩序(《善恶的彼岸》228):"一个灵魂内部的哪些知觉组合最快觉醒,[182]找到语词并下达命令,谁就会决定其各种价值之间的一般等级秩序,并最终决定其好恶表。"(《善恶的彼岸》268)因此,"关于等级制的第一个问题,"尼采继续写道,"在于某人在多大程度上是非群居的,或者是群居性的。在后面这种情形中,这个人的价值在于那些特性,那些保障其群居存在、保证其类型的特性;而在前一种情形中,这个人的价值则在于那些使他突显出来、孤立、得到保卫、孤独的特性。"但是,二者"都是必然的;它们的对抗也是必然的"(N 1887,10[59])。两种类型不能也不应该被互相衡量,互相"评估"。因为它们不可避免地追随不同的视角:从每一个等级看到的等级制都不同于另一个等级所看到的等级制,没有一般性的理解,不存在普遍有效的概念,即使尼采自己也只能获得他自己对等级制的理解。

五　距离的激情

对人与人之间以及道德与道德之间的等级制来说,不存在普遍有效的概念,尼采为此提出的肯定性概念,乃是"距离的激情"(《善恶的彼岸》257)。"激情"(das Pathos)("感觉,经验,痛苦,热爱"等的希腊文名称),乃是"距离"("对峙,间隔,差别"等的拉丁文名称)的概念否定,一种没有概念可以予以表示的区别。尼采为此也使用"几微"(nuance)的概念,表示从某一概念的偏离,一种不再有概念表示的偏离("我是一个几微",《瞧这个人》,"瓦格纳事件"4)。距离的激情从来不是固定不变的;按照尼采的看法,人们"总是在灵魂本身内部的不断更新的距离拉开中"经验到这种激情,作为"越来越高、越来越少和越来越远、越来越紧张、越来越广阔的状态中的挑战:如何使另外一种道德,以及与这种道德一起——'人的类型'的提高,人的不断自我克服"——成为可思考的(《善恶的彼岸》257;参《扎拉图斯特拉如是说》II,"论自我克服",4.148)。[183]"距离的激情"也是标志高贵性的概念:没有任何虚荣心,意识到按照自己的标准、自己所具有的价值(《善恶的彼岸》261),一种"对于等级地位的本能","对于尊敬之几微的乐趣"(《善恶的彼岸》263),

> 从来不考虑,将我们的义务降低到对于所有人的义务的水平;不愿放弃自己的责任,不愿分享自己的责任;将他的特权及其运用看作他的职责。(《善恶的彼岸》272)

但同时也看作一种"根本性的高度受尊重的对邻人的善",而邻人并不是"因为其高度"而配享这种善的(《善恶的彼岸》273)。但是,就哲学家来说,这是有疑问的:他是否可以获得最后和根本性的观点,他会不会发现在一个洞穴背后还有另一个更深的洞穴,甚至必然有一个更深的洞穴——在表面之外还有一个广阔、陌生、丰富的世界,在每一个基础后面,在每一次"奠基"的下面,都还有一个深渊"。(《善恶的彼岸》289)

六 伟大

等级制承认伟大。尼采像他那个时代大多数人一样也肯定伟人,但并不崇拜伟人;对于"伟人"的崇拜在他看来渺小而粗俗。尼采在其著作中千百次地使用"伟大的"这一谓语,最多时候是在该词通常的意义上:(a)实际测量或数量上的"超常","突出",(b)经常也强调价值或品质上的不同寻常的深刻印象、重要影响、重要意义。在第一种意义上,可以是例如可数的数量,如人的身材,或者他的难以置信的幸运。在第二种意义上,事件、命运或人可以是"伟大的""更伟大的"或"最伟大的"。按照早期尼采的观点,人类的唯一使命在于"单个的伟大个人的产生"(SE6,1.384)。他们为他们自己的时代和未来的时代确定了标准,但同时也是各种各样、经常完全偶然的和可以远远追溯到过去的各种条件的产物。在晚期著作中,尼采给"伟大"补充了[184](c)辩证性的第三种意义。按照这种意义,那伟大的同时也将其对立面,即伟大所否定的东西包含在内,使其成为对自己有益的,并因此提升自己。在诸如"大理性""大政治"等不常见短语中,这一意义成为引人注目的。在这些短语中,尼采使某种"小"的东西成为某种"大"的东西的工具,其中著名的"小"的东西,在理性这件事上是(表面上的)"纯粹理性",这种理性在欧洲哲学传统中变成了衡量其他一切的标准,并且相信自己超越于所有身体性事物之上。现在,在尼采看来,这种理性乃是身体之"大理性"的纯粹"工具和玩具",而身体及复杂性对于它来说仍然是"一个未知的智者"(《扎拉图斯特拉如是说》I,"论肉体的轻蔑者",4.39以下)。因此,"大疼痛",作为伟大的怀疑的教育大师,解放了精神,不再使精神瘫痪(《快乐的科学》344)。疾病不是使"大健康"变得虚弱,而是使其变得强壮(《快乐的科学》382);《瞧这个人》,《扎拉图斯特拉如是说》"2)。"伟大的真诚"也包括科学迄今排斥在外的"快乐"在内,并且因此为其打开了新的视野(《快乐的科学》382)。"大决断"也决断进行决断的标准,而它本来似乎是被这标准决定的,它因而使"意志重新成为自由的"(《道德的谱系》II 24)。"大生命"无论如何不能放弃"战争",而必须能够通过战争提升自己(《偶像的黄昏》,"道德作为反自然"3)。"大宽容"可以与"骄傲的自我强制"甚至不宽容相容(《敌基督者》38)。"伟大的风格"可以将最高程度的激情与清醒和欢乐统一起来(《瞧这个人》,"为什么我写下了如此好书"4)。"伟人的问题"的问题是如此伟大,以至于迄今从来没有作为问题被认识过,这伟大的问题要求"所有人的伟大的爱",而如果人们还没有经过"伟大的轻蔑",[185]可以不带一切幻想地看待所爱的对象,这爱将使人盲目(《快乐的科学》345;《扎拉图斯特拉如是说》III,"论变小了的道德"3,4.216;《道德的谱系》II 24)。

七 大政治

因此,在尼采看来,"大政治"同样包括"小政治"在内——王朝和民族国家的权力政治,这种权力政治——例如俾斯麦式的权力政治——由于其对于非正义的传统追求而已经自认为是"大政治"(《善恶的彼岸》241及其他多处),但却并不满足于此。在尼采看来,"大战"是"迄今为止的价值的重估",包括通常被与之对立的东西在内:道德,宗教,科学,哲学(《瞧这个人》,"《善恶的彼岸》"1)。他相信,重估免不了要军事战争,因此他也肯定战争:"大政治"将是一场"精神战争",一场为了落实观念和观念群而进行的战争,比直到19世纪末的历史所知道的观念之战更惨烈,更震撼(《瞧这个人》,"为什么我是命运"1)。尼采并不希望军事战争,对其有充分的了解,害怕这种战争的"损失"(《人性,太人性》I 481),但却冷静地寄望于他的时代的战争精神(参《朝霞》189)。尼采也不喜欢政治——"所有伟大的文化时代都是政治衰落的时代:文化意义上的伟大是非政治的,甚至是反政治的"(《偶像的黄昏》,"德国人缺少什么"4)。——但他使自己以政治性的面目出现。

1. 欧洲,地球政府和犹太人:尼采之大政治的内容是一种欧洲观。在一个民族主义迅速崛起的时代,这种欧洲观是卓尔不凡和高瞻远瞩的。与这种欧洲观联系在一起的是,尼采还就犹太人的作用提出了一种见解,而这在反犹主义的火药味变得越来越浓的时代是更不寻常的。二者都只有在与支配性道德保持一种独立距离的情况下才是可能的。尼采与其说将欧洲理解为一个领土、经济或政治单元,[186]不如说是理解为希腊-犹太-基督教道德的真正女继承人(参《人性,太人性》II,"漫游者及其影子"215),理解为"起支配作用的价值判断的总和[……],这些判断已经渗透在我们的血肉中"(《快乐的科学》380)。由于欧洲启蒙运动,由于欧洲民主革命以及欧洲发达资本主义经济和工业化,以及随之而来的社会主义运动,和最后的虚无主义,欧洲在世界范围内在现代化的道路上也走得最远,以一种伟大的风格尝试现代化。但是,也正是这一勇敢尝试,现在由于民族主义和反犹主义的蔓延而面临失败的危险,因而当前我们的使命也就明显地摆在我们面前:

为人的出生、饮食、抚育和求学创造更好的条件,可以经济地管理整个大地,可以权衡和投入各种人力。(《人性,太人性》I 24)

欧洲的大政治是全球化达成的政治。为了实现这一目的,与其说人们需要一种"积极有为的总体政府",不如说需要"一种关于文化的条件的知识,这种知识在程度上超过了所有迄今为止的同类知识;不如说是需要关于普世目标的科学标尺"。而"对于未来人类需求的一种综观"也许会"发现,所有人行为相同其实并非一种值得期望的现象;正相反,为了普世目标,人类在若干相当长的阶段中或许应该提出一些特殊的、在某些情况下甚至是邪恶的任务"(《人性,太人性》I 25)。现在已经发现"对于高级道德的形式和习惯的一种遴选,以达到使低级道德消亡的目的"(《人性,太人性》I 23),也即在道德之间展开的一种竞争,而未来也许"不再需要形而上学和宗教的谬误了[……],不再需要残酷和暴行作为人与人、民族与民族之间最强有力的纽带了"(《人性,太人性》I 245)。[187]为此找到标尺,乃是"下个世纪的精神伟人的重任所在"(《人性,太人性》I 25)。这一重任最早由欧洲创造思想和形式的天才完成(《人性,太人性》II,"漫游者及其影子"215),而伟大的音乐、艺术、文学、科学和哲学作品,只要其真正是伟大的、欧洲的——也与当权的欧洲政治家相反——提供了充分的征兆表明,"欧洲希望成为一体"(《善恶的彼岸》256)。人们于是感谢"欧洲最漫长和最勇敢的自我克服"(《快乐的科学》357),感谢欧洲也许已经超出自身向外看,并因此开始能够负担"整个地球文化的领导和成长"(而不是走向一个通过战争创造出来的世界国家的世界统治)(《人性,太人性》,"漫游者及其影子"87)。为此做好准备的欧洲人,尼采称之为"好欧洲人"(《快乐的科学》358及其他多处)。因此,尼采对于未来的欧洲还拥有一种道德概念,只是是这样一种道德,这种道德可以为了另外一种道德而献出自己(参《快乐的科学》380)。在这之后,尼采仍然是怀疑的。尼采看到,欧洲完全可能有一天在强大的政治压力下同一,并预测一方面来自俄国的压力,另一面来自美国的压力。但是,这就涉及"为了地球统治而进行的战斗",涉及走向伟大因而也是军事的政治的"强制"的问题(《善恶的彼岸》208)。

"对欧洲的统治",按照尼采的看法,现在对犹太人来说已经是可能的,"只要他们愿意统治——或者,只要人们强迫他们统治,就像反犹主义者似乎希望做到的那样":"一个将欧洲的未来放在他的良心上的思想家,在他为欧洲未来描绘的所有蓝图中,都会将犹太人考虑在内,就像将俄国人考虑在内,作为伟大的力量游戏和力量战争中当下最可靠和最可能的因素,不是别人",恰恰是犹太人,他们

> 乃是目前生活在欧洲的毫无疑问最强壮、最坚韧和最纯粹的种族;他们知道如何通过今天人们也许更愿意称之为邪恶的美德的手段,[188]在哪怕最不利处境下实现自己的目的(甚至比在顺利处境下更好地实现目的),——特别是多亏了一种无需在"现代观念"面前感到羞愧的坚定的信念。(《善恶的彼岸》251)

就涉及种族——在19世纪,人们还可以广泛不受限制地在道德之外谈论种族——而言,欧洲由于其"荒唐地突然致力于阶层的以及因此还有种族的快速混合"(《善恶的彼岸》208),恰好做了好事,强化了比种族纯洁更有益得多的种族混合;尼采明确拒绝骗人的种族

自我欣赏和放荡(《快乐的科学》377)。犹太人,当他们开创基督教时,已经证明过他们具有对价值进行"极端重估"的力量,在他们用所有军事暴动反对令人痛恨的罗马统治失败之后,懂得"通过一种精神复仇的行动来获得满足",这可以说是"真正的大政治"(《道德的谱系》I 7 以下)。现在,在基督教的欧洲开始自我怀疑之后,也许我们会再一次看到犹太人挺身而出,创造一个新的、更好的欧洲:

> 人们只要将类似有天赋的民族,诸如中国人或德国人,与犹太人作一比较,就会体会到,谁是第一流的,谁是第五流的。(《道德的谱系》16)

同样,关于他的扎拉图斯特拉,这个作为欧洲人的教师的非欧洲人,尼采如是说:"扎拉图斯特拉开始了这个最灾难性的错误即道德:因此他必然也是第一个认识这一错误的人。"(《瞧这个人》,"为什么我是命运"3)尼采并不同情"犹太人"("我还没有碰到哪个德国人喜欢犹太人",《善恶的彼岸》251),但极为尊重他们(参《人性,太人性》I 475;《朝霞》205;《善恶的彼岸》250 以下,361)。

[189]2. 一个统治种姓的培育和一种新奴隶制的必要性:尼采写道,当他将"欧洲问题"理解为"培育一个统治欧洲的新种姓"(《善恶的彼岸》251),并将其"同时与一种新奴隶制"联系在一起时(《快乐的科学》377),他提到了他的"严肃"。要严肃地对待尼采,人们必须也努力严肃地对待他的这种严肃。"培育",在尼采眼中,并非国家组织的遴选,而是像当时流行的那样,指"自然的培育选择",但也指"教育"。生物,包括人,总是按照自己的理解力图"培养"最优秀的后代;贵族社会如何通过精心设计的婚姻政治而在许多代人里,成功地创造出一个不仅在阶层上而且在人格上"高贵"

的类型,让尼采为之惊奇。对于这种类型的存在来说,它所理解的"等级制",以及因此还有"命令和服从",乃自明之理。欧洲要在持续的全球化过程中能够确实设定标准,这种培育就应该并且特别必须在越来越民主化建构的社会条件下来进行。其次,同样独立于现在已经被超越的阶层,需要具有非常定向、判断和领导能力的人格,这种人格同样也必须跨越世代互相学习和连续提升。当尼采在此谈到"种姓"时(最后,在《敌基督者》57 中,尼采还提到印度的"种姓制度"),他同样并非将其作为僵化的社会阶层区分出来,相反,按照其"精神性"的程度和其使命的伟大程度,个人改换其所属阶层(参《人性,太人性》Ⅰ 439)。人们因此并非简单地根据出身而成功地登上权力高位的,而是通过定向能力、判断能力和领导能力证明自己。权力,与布克哈特所主张的不同,并非本身是恶的,[190]而是从这样一些占优势地位的能力发源,并且恰好被在这方面的劣势者所欢迎和所希望;一个人自己很难为自己定向,当有人给他指出道路时,他就会表示感谢,但他这时仍然是处在自己的权力中的。"命令和服从",在这个意义上乃是渗透在每个人的骨子里的(参《人性,太人性》Ⅱ,"漫游者及其影子"6 以及本书第八章第一节)。人们也"命令"自己,因为人们力图"自我支配"和"自我控制",以便可以"自由""意愿"某事:

> "意志自由"乃是那行使意志行为之人所感到快乐的复杂状态的表达,这个人既是下命令者同时又是命令的执行者,一身而二任——因此,他共享克服障碍的胜利,但在他的内心里却认为实际上是他的意志本身克服了障碍。

面对不断发展的民主化和社会主义化,也就是面对在尼采看来通过借助于强大的反概念而形成的欧洲社会的拉平化,尼采不希望忘记,"'生命'现象"在支配关系下形成,这种关系甚至在与生命对抗的道德中仍然普遍存在,而所有意愿都与一个"由许多'灵魂'构成的社会结构"即一个人格中的命令和服从有关,并因此也与每一个政治集体结构中的命令和服从有关(《善恶的彼岸》19)。当权力被制度化,不断变成无论什么固定地位的权限,不再必须通过高人一头的定向能力来证明自己,而有可能为自己的利益服务,权力就开始变成"恶"的东西,开始可以被滥用;权能者遂变成掌权者。对尼采来说,这最清楚地表明,"长着红色、肥胖双手的臭名昭著的庸俗企业主",在迅速暴发、肆无忌惮的资本主义中,也许不代表企业家的类型,但却代表了企业家的流行形象。听从另一个人的命令,在"工业文化"中,要比在士兵中难得多:

> 在这里起作用的乃是为生活所迫的律则:[191]人们要生活,不得不出卖自己;但是人们蔑视那些趁人之危购买劳工的人。奇怪的是,服从可怕的强人、暴君和军事首领远远没有像服从那些名声不响、枯燥乏味之人,比如工业界巨子那么痛苦。工人惯于视雇主为狡诈、吸血的寡廉鲜耻之徒,雇主充分利用他人的危难搞投机而全然不顾自己的形象、道德和名声。(《快乐的科学》40)

只要人们只能别无选择地追随一种优越的意志,人们就是——尼采再次更尖锐地说——"奴隶"。在总是不断变得更复杂的生命关系中,强有力的定向能力、判断能力、领导能力也总是不断变得越来越不可缺少,而一种新型的"奴隶制"也变得不可避免——不是在字面意义上,好像大量人口重新变成了少数人的农奴,少数人可以任意支配他们的生命,而是在远为更微妙的意义上。尼采将任何按照预定标准进行的"工作",而不仅仅是"机械"和"手工工作",都作为奴隶制看待:

> 谁不把一天的三分之二留给自己,谁就是奴隶,无论他想成为怎样的人,成为政治家、商人也好,成为官员、学者也罢,只要这样就都是奴隶。(《人性,太人性》I 183)

即使学者,只要他为科学计划劳动而非为其设定目的,他也是奴隶:

> 客观的人是一个工具,一个珍贵、容易损坏和朦胧不清的测量工具,作为一种映照活动,他是一种值得关注和尊重的艺术性胜利;但他不是目的。(《善恶的彼岸》207)

甚至哲学家,"按照康德和黑格尔的高贵榜样",只要他们"将自己的使命设定为:将某些伟大的价值评价资料——也就是已经获得支配地位并已经长期被称为'真理'的从前的价值设定和价值创造——确立下来和概括为公式",[192]他们也不例外(《善恶的彼岸》211)。尼采认为,过去人们所躲避的和被轻视的东西,人们现在作为"工作福音"来宣扬;他们需要"用那些美丽的词汇来掩盖如此丑恶的隐秘思想"(《快乐的科学》359 和 377):"那种从早到晚高强度的工作"使人被规训,并铲除了他的

> 一切反思、筹划、梦想、忧虑、爱和恨的冲动,使他只盯着工作为他树立的眼前目标,享受工作为他提供的容易的和经常的满

足。因此,一个充满不断紧张的工作的社会也是一个更为安全的社会,而安全现在正在被奉为最高的神明。

因此,当"工人"向上仰望但却变成了自我思考和自我行动的"个人",形势就变得危险了(《朝霞》173)。当然,危险并非迫在眉睫。大多数人会自愿接受"工作福音",作为现代社会在整体上"极度衰弱、疲惫、风烛残年、力量式微"的表征(《快乐的科学》377)。对古代人来说,"一个不能自我支配和缺少闲暇的存在"必然是"某种可鄙存在",而哲学家认为自己是最自由的人。但是现在,尼采认为,"也许在我们每个人身上存在太多的奴性,这是社会制度和社会活动使然,今天的社会制度与社会活动与古代截然不同",因此,"在比喻中,'奴隶'这个词对我们根本没有什么力量"(《快乐的科学》18)。我们之为奴隶,超出了我们敢于设想的程度。

尼采同样希望对此也能加以肯定。通过他关于文化上升的观点,尼采对此加以肯定:就跨越许多代人的伟人文化成就要求最广泛的准备性工作而言,辉煌宏伟的文化,无论是在古代还是在今天,都只有通过"奴隶制"才成为可能。既然这些工作无论如何"必须"有人来干,那么,[193]尼采在其笔记中写道,让那些除了有能力完成这些工作不可能做得更多的人,满足于这些工作,而非挑拨他们对这些工作"怨气冲天",就是更有意义的。否则,人们必须

> 思考是否从亚洲和非洲大量引入野蛮部落的民众,以便文明世界可以持续不断地利用非文明世界为自己服务。(N 1877,25[1],8.481以下)

也就是将一直延伸到他那个时代的奴隶制继续延续下去(他不止一

次地思考过这一想法)。当然,在这期间,"人类的改进者"却妨碍"形成一种淳朴知足类型的人、一种中国人的阶层","人们以一种不负责任的马虎态度","使工人如今觉得他们生活在水深火热中(用道德语言说即被不公正对待)"(《偶像的黄昏》,"一个不合时宜者的漫游"40)。尼采的意思不是说,(所有类型的)工人都处于苦难之中,而是相反,恰恰是当工人的生活处境得到改善,他们开始在道德上对他们的生活感到不满。但是,如果无论什么时候,仍然有人在这方面确实能力出众,他就应该从驱赶他们走向奴隶制的古老欧洲移民,在欧洲之外开始一种新的生存,"并通过大规模的自由迁徙行动反对机器,反对资本,反对他们现在面临的不得不在成为欧洲国家的奴隶还是成为某个革命党的奴隶之间做出选择的威胁"(《朝霞》206)。

因此,尼采关于"主人道德和奴隶道德"的区分也失去了侵略性。尼采将奴隶道德同样设定为道德的"基本类型",而非某一特定阶层的道德。它们"或者在支配类型的人中形成,这些人满意地意识到他们与被支配者的区别,——或者在被支配者中形成,也就是在不同程度的奴隶和依附者中形成"。但是,这种区分也会在"一个灵魂内部"呈现出来:[194]人们在每一个事件中或者将自己确立为标准,或者自己拜倒在其他人的标准面前——并为此自我贬低(《善恶的彼岸》260)。由于"顺从迄今为止在人们中间得到了最充分和最长期的练习和培养",因此"对于这种顺从的需要现在"应该内在于每个常人身上了,"顺从的群居本能被最好地继承下来,但却是以牺牲命令艺术为代价",最后它甚至折磨起运用权力权威的"命令者和独立者",让他们内心忍受良心不安之苦,并认为必须

先欺骗自己,以便能够下命令。这种状况在今天的欧洲已经发

生——我称之为那些下命令者的道德伪善。他们知道,要在他们的良心不安面前保护自己,除了伪装成更古老或更高级的命令(祖先的,制度的,权利的,法律的,甚至上帝的命令)的执行者之外,没有其他更好的办法。或者,他们甚至从群居动物的思想方式中借用群居动物的箴言,诸如"其人民的第一仆人"或"公共福利的工具"。[……]但是,在有些情况下,人们认为领袖和带头羊不可或缺,于是他们反复尝试:把一个个聪明的群体人共同加起来以取代下命令者。例如,一切代议制的宪法都有这个起源。(《善恶的彼岸》199)

关于甚至最优秀政治家可能面临的困境,这是一个仍然值得思考的描述。

八　命运之爱

"总而言之",早在 1882 年,尼采在写作他的《扎拉图斯特拉如是说》之前,就这样写道:"言而总之,我希望有一天变成只说'是'的人!",并将这种"说'是'"称为 Amor fati("命运之爱"):

命运之爱!从现在起,你就是我的所爱!我无意对丑陋开战,无意指控,甚至也无意指控指控者;连眼珠也不转过去。[195]让这成为我唯一的否定!(《快乐的科学》276)

"命运之爱"的概念,概括了尼采的思想,并为他的思想画上了句号。这一概念是明显悖论性的,它属于尼采最困难的概念。不想指控,包括不想指控指控者,但最后却强迫性地不让眼珠向指控者转过去,这是悖论。尼采笔下的扎拉图斯特拉也这样类似悖论性地谈论正义：

> 我不喜欢你们的冷淡的公正，从你们的法官的眼睛里，总看出刽子手的目光和他的冷酷的钢刀。……能给除了法官以外的每个人宣告无罪的公正，请你们给我创造出来吧！

但是，在不-愿意-审判的同时，尼采却将法官排除在外，这让他现在能够进行洞察，让他能够洞察悖论；一种"带有炯炯眼光之爱"的公正因此成为可能（《扎拉图斯特拉如是说》，"论毒蛇的咬伤"4.88）。不愿意指控，愿意每个人免罪，这就是说愿意一切都听其自然，如其所是，明白无误地和没有任何保留地公正对待。指控，希腊文是 kategoreín，也就是归类，与审判、判断，都是近义词；爱将这两者都丢开。最终尼采意愿"命运之爱"而不加以"扣减，例外和挑选"（N 1888, 16 [32]，13.492）。但是，这造成了他的全部悖论：不意愿的意愿；因为意愿总是意愿事情与其现在所是有所不同。尼采作为其伟大"先行者"发现的斯宾诺莎已经意愿过这种悖论性的"不意愿"。斯宾诺莎用对神的理智的爱的概念结束他的思想。按照斯宾诺莎的观点，神与自然，与他的创造物，不再区分，但因此自然也就不再能与神区分开。因此，一切都从自然出发被加以把握，并且最后自然确实像神一样不可把握。人们只能试图尽可能地在其自身必然性中理解其关联，但是这种必然性只是自然的有限的部分，不仅只能有限地加以认识，[196]而且还特别由于自我保存的焦虑——这种焦虑使每个人对一切看来对他有害的东西都采取防卫的态度——而有限制。因此，人们意愿事情与其现在所是大大不同，并为此而进行指控和审判。但是，人们越是看穿甚至自己的防卫的前因后果，人们就越是能够拆除这种防卫和热爱一切，如一切之所是，将其作为神－自然的部分而热爱，在这种带有认识的爱（理智的爱）中最后爱神本身。斯宾诺莎在一个世纪里长期被看作是无神论者，直到歌德等人才认为他正好相反，将他的思想作为"有神论"甚至"基督教神学"来看待。神与自然的悖论性结合使两种解释都可以；甚至在"上帝死了"之后，斯宾诺莎的对神的理智之爱，作为对于人类的命运的爱，仍然是可以设想的。按照尼采辩证性的"伟大"概念，斯宾诺莎有"伟大的爱"，这种爱将其对立面，即带来认识的"伟大的轻蔑"包含在内，并不再指控和审判。斯宾诺莎使尼采最终走向不愿－与现状－不同：

  我衡量伟大的公式是热爱命运：你们不要想变更什么，将来不要，过去不要，永远也不要。不要单纯忍受必然，更不要逃避，而是爱它……（《瞧这个人》，"为什么我如此聪明"10）

尼采因此实现了斯宾诺莎所意愿的东西：

  "想要"某种东西，"追求"某种东西，心中有一个"目标"，一个"愿望"——我的经验对这些一无所知。当我凝视我的未来——一个遥远的未来——我就像凝视一片平滑如镜的海面：欲望波澜不兴。我丝毫不想要事物变得与现在不同；我自己也不想变成另外一个人。（同上，9；斯宾诺莎，《伦理学》I，附录）

因此，在命运之爱的思想中，尼采自己最后仍然和盘托出了权力意志的思想。[197]但是，他还补充说："命运之爱是我最内在的自然。但这并不意味着，我就不热爱反讽，甚至是世界历史意义的反讽。"（《瞧这个人》，《瓦格纳事件》4）反讽创造距离，苏格拉底式的对无知的知识的距离。人们永远无法知道,永远无法确定,人是否处在命运之爱的位置上,这一点——尼采在笔记中写道——人们也只能作为实验去生活,只能"意愿"悖论:

> 这样一种实验哲学,正如我所经历的那样,本身就试验性地预先获得了根本虚无主义的各种可能性。而这并不是说,这种哲学总是坚持一种否认,坚持一种否定,坚持一种求否认的意志。相反,它意愿得到的倒是反面情形——就是要达到一种对如其所是的世界的狄俄尼索斯式的肯定,不打折扣,没有特例和选择——它意愿永恒的循环,——同一个事物,关于节点的同一的逻辑和非逻辑。一个哲学家所能达到的最高状态——对生存的狄俄尼索斯式态度,对此,我的公式就是命运之爱……(N 1888,16[32],13.492)

九 完全在象征和不可把握性中徜徉的存在

按照尼采的说法,"耶稣类型"同样缺乏"否定言说和否定行动的特征"(《敌基督者》40),因此,就在他"诅咒基督教"的同时,"救赎者的灵魂学类型"让他着迷,这个类型

> 对实在的本能之恨:一种极端的受苦和受刺激能力的结果,它再也不愿意被触摸,因为它过于深刻地体会到了每次被触摸的感受。
> 对一切厌恶、一切敌对、一切情感界限和距离的本能排斥:一种极端的受苦和受刺激能力的结果,它觉得任何抵抗、任何被迫抗拒的努力都是难以忍受的不快(也就是说,觉得这种抗

拒有害,觉得被自我保存的本能所劝阻),它只有在不再需要抵抗、不再需要抵抗任何人[198](不管是恶人还是坏人)时,才能看到幸福(快乐)——爱是唯一、终极的生命可能性……(《敌基督者》30)

在此,尼采同样明白无误地谈到他所遭遇到的一切所带给他的"长期容易受伤害性":"我知道自己不再能处置任何种类的现实。当我不能成功忘掉现实,现实就会杀死我。"(给科泽利特的信,1888年2月1日和1月15日,KSB 8.231,239)在"救赎者的类型"中"没有任何通过战斗获得的信仰":"在耶稣那里,'生命'的概念、经验,如同只有他所知道的那样,同所有形式的词语、程式、法律和信仰相抵牾"。他无需反驳,无需理由,无需证明,无需辩证法,"甚至根本不能想象一个相反的判断"(《敌基督者》32)。他的现实性完全是另外一种现实性,"一种完全在象征和'不可理解性'中闪烁的存在"(《敌基督者》31),"整个实在,整个自然,甚至语言,对他来说,仅仅具有一种符号、一种隐喻的值"(《敌基督者》32)。他的行动也是不同的,是"一种新的实践","真正的福音实践"(《敌基督者》33)。尼采认为,这种实践是没有理论的实践,并因而也没有理论和实践的对立。这样一种"道成肉身"的实践,可以比最固定的概念更确定和清晰,因为没有什么相反概念可以对他们进行质疑。它们也拒绝悖论。

十　狄俄尼索斯对抗十字架上那个人

尼采在《瞧这个人》中的最后的话是:"——你们理解我吗?——狄俄尼索斯反对十字架上的那个人……"(《瞧这个人》,"为什么我是命运"1)这是尼采揭开基督教的非道德起源的战斗的结论。"十字架上的那个人"是基督教的基督,基督教为他那丢脸的死亡辩护,并通过教义而抬高他的地位。[199]在尼采看来,在十字架上的死亡乃是一种命运,除此之外并无更多含义,但却代表一个类型,这类型用自己的生命取得了"自由,对于每种怨恨感的超越":

> 耶稣不过是想以自己的死亡为他的学说公开提供最强有力的考验,提供最强有力的证明……(《敌基督者》40)

因此,"狄俄尼索斯反对十字架上的那个人"也意味着"狄俄尼索斯支持耶稣作为类型",而"敌基督"意味着可以重新将耶稣作为单纯的人看待:"瞧这个人。""用希腊语来说,"尼采这样写道,"而且不仅是用希腊语来说,我是敌基督者……"(《瞧这个人》,"为什么我写下了如此好书"2)希腊文"敌基督者"具有四重含义:可能意味着(a)对抗,但也可能意味着(b)并列,以及因此(c)平等和代理,以及最后(d)超过(就像人们在德国能够说"欢乐之上的欢乐")尼采在他的生命的"逻辑"中最后认识到一种对耶稣生平的"逻辑"超越:"敌基督者",他在为《瞧这个人》准备的草稿中写道:

> 自身就是一个真正基督徒发展过程中必然的逻辑,在我身上基督教自己克服了自己。(N 1888 24[1],13.622)

因此,他是"前无古人的快乐的使者"(《瞧这个人》,"为什么我是命运"1)——因为他重新将福音从上千年来压迫着它的"怨恨精神"中解放出来。尽管如此,"反对"还包含"对抗"的含义——不仅是对抗基督教,而且也是对抗耶稣的类型:"敌基督者"也是"敌耶稣者"。尼采将意愿某些确定之物的人,也就是意愿其他东西并也意愿其实现的人,士兵、法官、政治家、语文学家、医生都称为这个意义上的"敌基督者"(参《敌基督者》38,47)——以及作为"命令者和立法者"的哲学家。这种完全意义上的"敌基督者",尼采首先归之于他的扎拉图斯特拉类型,最后归之于他的狄俄尼索斯类型。因此他在《瞧这个人》中引用扎拉图斯特拉说,扎拉图斯特拉将 [200] "万有中最高种类的存在定义为""最深刻的""最广泛"的"最必然"地"存在着的","最寻找的"和"最热爱自身的"灵魂。同时又通过所有这些确定性的反面来定义他们:他们同样也能戴上最表面的面具,"走错路和漫游","兴致勃勃地投入偶然之中","希望进入意愿和要求","逃避自己",以及能够让"愚蠢用最甜蜜的语言劝说自己"(《扎拉图斯特拉如是说》III,"论旧和新的法版"19,4.261;《瞧这个人》,"《扎拉图斯特拉如是说》"6)。尼采没有消除对立,反而有意识地让对立双方并存并立。狄俄尼索斯还是一个神,因为所有其他一切都应该从狄俄尼索斯出发来把握,同时他自己却不能被把握。但是,与我们通常借以理解事物的每一个概念相比,对于狄俄尼索斯概念来说,其他概念也可以成为有效力的,只要它们提供了对于事物的不同的理解。尼采的"狄俄尼索斯"像他的"耶稣类型"一样,与每一种人们用来理解他的概念相比,是不同的概念,其中一个概念乃是另外一个概念的"几微"。最后,尼采不再谈论狄俄尼索斯,而是在他的《狄俄尼索斯颂歌》中歌唱狄俄尼索斯。

十二　尼采的未来？

> 那明白什么在这里毁灭了的人，看看自己手里是不是还剩下什么吧。
>
> ——尼采，《瞧这个人》，"为什么我是命运"8

[201]尼采自称为一个"死后出生的人"，在死亡之后才活过来（《快乐的科学》365）："只有后天才属于我"（《敌基督者》，"前言"；《瞧这个人》，"为什么我写下了如此好书"1）。在精神失常之后，尼采声誉鹊起，影响与日俱增，远超出哲学的范围。所有在思想上好奇、喜欢精神刺激和争论的人，艺术家、文人、政治家、记者、企业家，所有学科的科学家，宗教创始者，以及当然还有哲学家，都对尼采趋之若鹜，阅读尼采，为尼采着迷，或与尼采发生冲突（学院哲学可以理解地持保留态度，并且直到今天还是如此）。但是，除此之外，甚至本来对艺术、科学和哲学一直比较隔膜的普通人，也将尼采的著作，特别是《扎拉图斯特拉如是说》，当成他们的关键词的来源。因此，在接受史的意义上，尼采产生了极其巨大的影响，可能比任何其他人在类似的时间段里产生的影响都要大。但是，尼采因此就"属于"今天，或他说这话时的"后天"吗？他的思想胜利到达它想要到达的地方了？来自许多学术领域的数量巨大的重要论文献给了尼采著作的研究，因此与尼采的时代相比，[202]我们今天对他的思想

的内在和外在语境的理解,要好很多很多,因为他当时几乎默默无闻,应者廖若晨星。但是,我们同时认为,我们还可以更进一步提出问题:我们是否可以为我们的时代而继续思考尼采的思想?这毫无疑问适用于尼采哲学思想的一系列主题:人类的性的经历(弗洛伊德),人类学(舍勒,普莱斯,盖伦),虚无主义(海德格尔,荣格,洛维特)和在虚无主义中的生存(雅斯贝尔斯),语法哲学(维特根斯坦),科学哲学(奎因,普特南,古德曼,戴维德森),哲学的解定向化(赖尔,罗蒂,费耶阿本德),形而上学批判(德里达,德勒兹),(后-)现代讨论(瓦提莫,哈贝马斯,斯洛特戴克),对于道德和文化的谱系学发掘(福柯),隐喻学(考夫曼,布鲁门伯格),视角主义(考尔巴赫),道德批判(卢曼),高贵伦理学(列维纳斯),符号哲学(西蒙),解释哲学(伦克,阿佩尔),上帝已死神学(索勒)等等。上述种种还只是其中突出者。但是,所有这些思想与其说是尼采思想,不如说与尼采思想有着或多或少的巨大距离,甚至经常是在对尼采作品多少有意追求的无知中详尽发展出来的。并没有什么在哲学上多产的尼采主义(也许只有犹太尼采主义是一个例外),可以与尼采曾经与其创始人竞赛的那些源远流长的哲学传统相比:笛卡尔主义,康德主义,黑格尔主义,或者柏拉图主义和亚里士多德主义,以及特别是苏格拉底主义。同样没有被继承下来,更不用说被进一步发展的还有尼采的语言艺术,以及尼采的哲学写作形式,尼采的"快乐的科学",尼采对一切价值的重估,和尼采对于等级制的新辩护。但特别是尼采最著名的教导,[203]他通过他的扎拉图斯特拉之口说出来的教导,在哲学上是停滞不前或后继无人的;解释《扎拉图斯特拉如是说》的教席(至少直到现在)也没有设立起来。我们并不清楚,我们是否以及如何最终挣脱了虚无主义,又可以从中总结出哪些要点,还是我们在这期间更深地陷入了虚无主义呢。

在这期间，欧洲道德显然在自明性和自信心方面损失惨重，然而同时，对道德正确性的要求却强有力地增长起来。尽管如此，哲学的视野和哲学的定向还是在整体上已经明显改变了，最晚近的哲学越来越不那么崇高，调子明显越来越欢乐，几乎不再关注最后真理，而是越来越关注不可消除的不确定性。但是，几乎还没人认识到，和尼采一样，我们可以将我们对定向的无所畏惧的解定向化与我们进行肯定的力量结合起来。尼采将哲学思考置于其中的极端巨大张力，或可以在未来世代中将某些引人入胜的东西源源不断地释放出来。

附录一

尼采研究资源

A 尼采著作

KGW   Nietzsche, *Werke*. Kritische Gesamtausgabe, hg. von Giorgio Colli und Mazzino Montinari, Berlin/New York 1967ff. [Abteilung I-VIII: Werke und Nachlass].

KSA   Friedrich Nietzsche, *Sämtliche Werke*. Kritische Studienausgabe in 15 Bänden, hg. Von Giorgio Colli und Mazzino Montinari, München/Berlin/New York 1980 [text-, aber nicht seitengleich mit der KGW]:

Bd. 1-6: von Nietzsche veröffentlichte und zur Veröffentlichung bestimmte Werke.

Bd. 7-13: Nachgelassene Fragmente [Notate].

Bd. 14: Einführung, Siglenverzeichnis, Kommentar zu Band 1-13 (M. Montinari).

Bd. 15: Chronik zu Nietzsches Leben, Konkordanz zur Kritischen Gesamtausgabe, Verzeichnis der Gedichte, Gesamtregister.

CD-Rom zur KSA (1994) [nützlich, aber nicht fehlerfrei: wird neu ediert].

Nachberichte zur KGW, hg. Von Mazzino Montinari, Marie-Luise Haase u. a. [textkritischer Apparat, nur bis Za und zum Nachlass bis 1885].

KGW IX *Der handschriftliche Nachlass ab Frühjahr* 1885-1889 *in differenzierter Transkription*, hg. Von Marie-Luise Haase u. a., Berlin/ New York 2011ff. [Neuedition des späten Nachlasses].

KGB   Nietzsche, *Briefwechsel*. Kritische Gesamtausgabe, hg. Von Giorgio Colli und Mazzino Montinari, fortgeführt von Norbert Miller und Annemarie Pieper, Berlin/New York 1975ff.

KSB   Friedrich Nietzsche, *Sämtliche Briefe*. Kritische Studienausgabe in 8 Bänden, hg. Von Giorgio Colli und Mazzino Montinari, München/Berlin/New York 1986 [text- und seitengleich mit KGB, aber nur die Briefe Nietzsches].

In Bd. 8: Verzeichnis der Adressaten, Gesamtregister

Nachberichte zur KGB, hg. Von Norbert Miller, Annemarie Pieper, Jörg Salaquarda

B   辞典,手册,词典,索引

BN   *Nietzsches persönliche Bibliothek*, hg. Von Giuliano Campioni, Paolo D'Iorio, MariaCristina Fornari, Francesco Fronterotta, Andrea Orsucci unter Mitarbeit von Renate Müller-Buck (Supplementa Nietzscheana, Bd. 6), Berlin/New York (de Gruyter) 2003.

NWB   Nietzsche Research Group (Nijmegen) unter Leitung von Paul van Tongeren, Gerd Schank und Herman Siemens (Hg.), *Nietzsche-Wörterbuch*, Berlin/New York (de Gruyter) 2004ff. (bisher erschienen Bd. 1: Abbreviatur-einfach) [Artikel enthalten auch Hinweise zur aktuellen Nietzsche-Forschung].

NHB HenningOttmann (Hg.), *Nietzsche-Handbuch. Leben-Werk-Wirkung*, Stuttgart/Weimar (Metzler) 2000 [Artikel enthalten auch Hinweise zur aktuellen Nietzsche-Forschung].

NL Christian Niemeyer (Hg.), *Nietzsche-Lexikon*, Darmstadt (Wissenschaftliche Buchgesellschaft) 2009 [Artikel enthalten auch Hinweise zur aktuellen Nietzsche-Forschung].

SAL Karl Schlechta, *Nietzsche-Index zu den Werken in drei Bänden* [München: Hanser 1954], München 1965

PZL Johann Prossliner (Hg.), *Licht wird alles, was ich fasse. Friedrich Nietzsche Lesen & Nachschlagen. 2309 Zitate thematisch geordenet, 35187 Stichwörter im Register*, München (Kastell) 2000.

C 网络资源

http://refworks.reference-global.com : Nietzsche-Portal des Verlags de Gruter mit allen dort erschienenen Publikationen von und zu Nietzsche

www.nietzschesource.org: KGW, geplant auch KGB u.a.

www.zeno.org/Philosophie/M/Nietzsche: Schlechta-Ausgabe

ora-web.swkk.de/swk-db/niebiblio/index.html: WNB

www.nietzschecircle.com;

www.Nietzsche-news.org/index.php? page =/nnc/home: Ankü-ndigungen von Tagungen, Neuerscheinungen u. a.

D 尼采研究

WNB *Weimarer Nietzsche-Bibliographie*, hg. Von der Stiftung Weimarer Klassik-Herzogin Anna Amalia Bibliothek, bearbeitet von Susanne Jung, Frank Simon-Rity, Clemens Wahle, Erdmann von Wilamowitz-Moellendorf, Wolfram Wojtecki, 5 Bde., Stuttgart/Weimar(Metzler)2000-2002.

NSt *Nietzsche-Studien*. Internationales Jahrbuch für die Nietzsche-Forschung, begründet ; 1972] von Mazzino Montinari, Wolfgang Müller-Lauter, Heinz Wenzel,; seit 2010] hg. von Günter Abel, Werner Stegmaier, Berlin/New York (de Gruyter). Rubriken: Abhandlungen, Diskussionen, Dokumentationen, Beiträge zur Quellenforschung (vgl. das Register zu den Bänden 17-30 im Band 30/2001, fortgeführt im Band 40/2011) Beiträge zur Rezeptionsforschung, Berichte, Miszellen, Rezensionen, Siglen, Stellen-Register, Literatur-Register, Personen-Register, Hinweis zur Gestaltung von Manuskripten.

NF *Nietzscheforschung*. Jahrbuch der Nietzsche-Gesellschaft, hg. von Volker Gehardt und Renate Reschke, Berlin (Akademie)1993ff.

JNS *The Journal of Nietzsche Studies*, begründet 1911 von Howard Caygill, z. Z. hg. von Christa Davis Acampora, z. Z. University Park, PA (Penn State Press).

NNSt *New Nietzsche Studies*. The Journal of the Nietzsche Society, begründet und hg. von David B. Allison und Babette Babich, New York(Fordham University)1996ff.

MTNF　Monographien und Texte zur Nietzsche-Forschung, begründet von Mazzino Montinari, Wolfgang Müller-Lauter, Heinz Wenzel, seit 2010 hg. von Günter Abel, Werner Stegmaier, Berlin/New York(de Gruyter)1972ff.

SN　*Supplementa Nietzscheana*, Begründet von Wolfgang Müller-Lauter, Karl Pestalozzi, hg. von Thomas Böning und Karl Pestalozzi, Berlin/New York(de Gruyter)1990ff.

BFN　Jobeiträge zu Friedrich Nietzsche. *Quellen, Studien und Texte zu Leben, Werk und Wirkung Friedrich Nietzsches*, hg. von David Marc Hoffmann, Basel 1999ff.

RLN　Alfons Reckermann, *Lesarten der Philosophie Nietzsches. Ihre Rezeption und Diskussion in Frankreich, Italien und der angelsächsischen Welt* 1960-2000 (Monographien und Texte zur Nietzsche-Forschung, Bd. 45), Berlin/New York (de Gruyter)2003.

E　传记、年谱、同时代人词典、著作史、接受史

CPJ　Curt Paul Janz, *Friedrich Nietzsche. Biographie*, 3 Bde., München(Hanser)1978-79.

CBT　Raymond Benders und Stephan Ottermann unter Mitarbeit von Hauke Reich und Sibylle Spiegel, *Friedrich Nietzsche. Chronik in Bildern und Texten*, hg. im Auftrag der Stiftung Weimarer Klassik, München/Wien(Hanser)2000.

ZGL　Hauke Reich, *Nietzsche-Zeitgenossenlexikon, Verwandte und*

	Vorfahren, Freunde und Feinde, Verehrer und Kritiker von Friedrich Nietzsche (Beiträge zu Friedrich Nietzsche, Bd. 7), Basel (Schwabe) 2004.
SPG	William H. Schaberg, *Nietzsches Werke. Eine Publikationsgeschichte und kommentierte Bibliographie* (am Or. 1995 = , aus dem Amer. V. Michael Leuenberger (Beiträge zu Friedrich Nietzsche, Bd. 4), Basel (Schwabe) 2002.
KNG	Richard Frank Krummel unter Mitwirkung von Evelyn Krummel, *Nietzsche und der deutsche Geist*, 4 Bde. (Monographien und Texte zur Nietzsche-Forschung, Bd. 3, 9, 40, 51), Berlin/New York 1998-2006.
HGNA	David Marc Hoffmann, Zur Geschichte des Nietzsche-Archivs. Elisabeth Förster-Nietzsche, Fritz Koegel, Rudolf Steiner, Gustav Naumann, Josef Hofmiller, *Chronik, Studien und Dokumente* (Supplementa Nietzscheana, Bd. 2), Berlin/New York 1991.

附录二

尼采著作缩写(据 KSA)

AC	《敌基督者》
BA	《论我们的教育制度的未来》
CV	《五篇未写就著作的五篇前言》
DD	《狄俄尼索斯颂歌》
DS	《大卫·施特劳斯:忏悔者和作家》(UB I)
DW	《狄俄尼索斯世界观》
EH	《瞧这个人》
FW	《快乐的科学》
FWP	《快乐的科学·自由鸟王子之歌》
FWS	《快乐的科学·笑话、诡计和复仇》
GD	《偶像的黄昏》
GG	《悲剧思想的诞生》
GM	《道德的谱系》
GMD	《希腊的音乐剧》
GT	《悲剧的诞生》
HL	《论历史对于人生的利弊》(UB II)
HW	《荷马的竞赛》
IM	《墨西拿牧歌》

JGB	《善恶的彼岸》
M	《朝霞》
MA	《人性,太人性》
MD	《告德国人民书》
N	《未刊手稿》(年代,文件夹,笔记本,KSA 的卷和页,据 KGW IX 校订)
NJ	《新年献词》
NW	《尼采反对瓦格纳》
PHG	《希腊悲剧时代的哲学》
SE	《叔本华作为教育者》(UB III)
SGT	《苏格拉底和希腊悲剧》
ST	《苏格拉底和悲剧》
UB	《不合时宜的沉思》
VM	《人性,太人性·下卷:杂乱无章的观点和箴言》
WA	《瓦格纳事件》
WB	《瓦格纳在拜罗伊特》(UB IV)
WL	《非道德意义上的真理与谎言》
WS	《人性,太人性·下卷:漫游者及其影子》
Za	《扎拉图斯特拉如是说》

图书在版编目（CIP）数据

尼采引论/（德）施特格迈尔著；田立年译. --北京：华夏出版社，2016.6
（西方传统：经典与解释）
ISBN 978-7-5080-8790-0

Ⅰ.①尼… Ⅱ.①施… ②田… Ⅲ.①尼采，F.W.（1844～1900）－哲学思想－研究 Ⅳ.①B516.47

中国版本图书馆CIP数据核字(2016)第072867号

Friedrich Nietzsche zur Einführung by Werner Stegmaier
©2011 by Junius Verlag GmbH
All Rechte vorbehalten

版权所有，翻印必究。
北京市版权局著作权合同登记号：图字01-2013-1830号

尼采引论

作　　者	[德]施特格迈尔
译　　者	田立年
责任编辑	陈希米
责任印制	刘　洋
出版发行	华夏出版社
经　　销	新华书店
印　　刷	北京汇林印务有限公司
装　　订	北京汇林印务有限公司
版　　次	2016年6月北京第1版 2016年8月北京第1次印刷
开　　本	880×1230　1/32
印　　张	7.625
字　　数	178千字
定　　价	45.00元

华夏出版社 地址：北京市东直门外香河园北里4号　邮编：100028
网址：www.hxph.com.cn　电话：(010)64663331(转)
若发现本版图书有印装质量问题，请与我社营销中心联系调换。

西方传统：经典与解释
Classici et Commentarii
HERMES
刘小枫 ◎ 主编

古今丛编

孟德斯鸠的自由主义哲学——《论法的精神》疏证
[美]潘戈 著

莫尔及其乌托邦
[德]考茨基 著

试论古今革命
[法]夏多布里昂 著

托兰德与激进启蒙
刘小枫 编

图书馆里的古今之战
[英]斯威夫特 著

但丁：皈依的诗学
[美]弗里切罗 著

在西方的目光下
[英]康拉德 著

大学与博雅教育
董成龙 编

恐惧与战栗
[丹麦]基尔克果 著

探究哲学与信仰——基尔克果与苏格拉底
[美]郝岚 著

民主的本性——托克维尔的政治哲学
[法]马南 著

梅尔维尔的政治哲学——《切雷诺》及其解读
李小均 编/译

席勒美学的哲学背景
[美]维塞尔 著

果戈里与鬼
[俄]梅列日科夫斯基 著

托尔斯泰与陀思妥耶夫斯基
[俄]梅列日科夫斯基 著

自传性反思
[德]沃格林 著

黑格尔与普世秩序
[美]希克斯 等著

新的方式与制度——马基雅维利的《论李维》研究
[美]曼斯菲尔德 著

科耶夫的新拉丁帝国
[法]科耶夫 等著

《利维坦》附录
[英]霍布斯 著

巨人与侏儒
[美]布鲁姆 著

或此或彼（上、下）
[丹麦]基尔克果 著

海德格尔与有限性思想（重订版）
刘小枫 选编

海德格尔式的现代神学
刘小枫 选编

论宗教大法官的传说
[俄]罗赞诺夫 著

上帝国的信息
[德]拉加茨 著

双重束缚
[美]基拉尔 著

古今之争中的核心问题
——施米特的学说与施特劳斯的论题
[德]迈尔 著

论永恒的智慧
[德]苏索 著

宗教经验种种
[美]詹姆斯 著

尼采反卢梭
[美]凯斯·安塞尔–皮尔逊 著

舍勒思想评述
[美]弗林斯 著

诗与哲学之争
[美]罗森 著

基督教理论与现代
[德]特洛尔奇 著

神圣与世俗
[罗]伊利亚德 著

论古人的智慧
[英]培根 著

但丁的圣约书
[美]霍金斯 著

古典学丛编

雅典谐剧与逻各斯
——《云》中的修辞、谐剧性及语言暴力
[美]奥里根 著

莱园哲人伊壁鸠鲁
罗晓颖 选编

《劳作与时日》笺释
吴雅凌 撰

希腊古风时期的真理大师
[法]德蒂安 著

古罗马的教育
[英]葛怀恩 著

古典学与现代性
刘小枫 编

表演文化与雅典民主政制
[英]戈尔德希尔、奥斯本 编

西方古典文献学发凡
刘小枫 编

古典语文学常谈
克拉夫特 著

古希腊文学常谈
[英]多佛 等著

撒路斯特与政治史学
刘小枫 编

希罗多德的王霸之辨
吴小锋 编/译

第二代智术师——罗马帝国早期的文化现象
安德森 著

英雄诗系笺释
[古希腊]荷马 著

统治的热望
——修昔底德笔下的阿尔喀比亚德和帝国政治
[美]福特 著

论埃及神学与哲学——伊希斯与俄赛里斯
[古希腊]普鲁塔克 著

凯撒的剑与笔
李世祥 编/译

亚历山大的克雷蒙
[意]塞尔瓦托·利拉 著

伊壁鸠鲁主义的政治哲学
[意]詹姆斯·尼古拉斯 著

中世纪的心灵之旅——波纳文图拉神学著作选
[意]圣·波纳文图拉 著

修昔底德笔下的人性
[加]欧文 著

修昔底德笔下的演说
[美]斯塔特 著

古希腊政治理论
格雷纳 著

神谱笺释
吴雅凌 撰

赫西俄德：神话之艺
[法]居代·德·拉孔波 等著

赫拉克勒斯之盾笺释
罗道然 译笺

《埃涅阿斯纪》章义
王承教 选编

维吉尔的帝国
阿德勒 著

塔西佗的政治史学
曾维术 编

古希腊诗歌丛编
　诗歌与城邦
　　[美]费拉格、纳吉 主编
　阿尔戈英雄纪（上、下）
　　[古希腊]阿波罗尼俄斯 著
　俄耳甫斯教祷歌
　　吴雅凌 编译
　俄耳甫斯教辑语
　　吴雅凌 编译

古希腊肃剧注疏集
　希腊肃剧与政治哲学
　　[美]阿伦斯多夫 著

古希腊礼法
　希腊人的正义观
　　[美]哈夫洛克 著

廊下派集
　廊下派的城邦观
　　[英]斯科菲尔德 著

希伯莱圣经历代注疏
　希腊化世界中的犹太人
　　[英]威尔逊 著
　第一亚当和第二亚当
　　[德]朋霍费尔 著

新约历代经解
　属灵的寓意
　　[古罗马]俄里根 著

基督教与古典传统
　无执之道——埃克哈特神学思想研究
　　[德]文森 著

德意志古典传统丛编
　穆佐书简
　　[奥]里尔克 著
　纪念苏格拉底——哈曼文选
　　刘新利 选编
　夜颂中的革命和宗教——诺瓦利斯选集卷一
　　[德]诺瓦利斯 著

大革命与诗话小说——诺瓦利斯选集卷二
[德]诺瓦利斯 著

黑格尔的观念论
[美]皮平 著

浪漫派风格——施莱格尔批评文集
[德]施莱格尔 著

美国宪政与古典传统

美国1787年宪法讲疏
[美]阿纳斯塔普罗 著

品达注疏集

幽暗的诱惑——品达、晦涩与古典传统
[美]汉密尔顿 著

阿里斯托芬集

《阿卡奈人》笺释
[古希腊]阿里斯托芬 著

色诺芬注疏集

居鲁士的教育
[古希腊]色诺芬 著

色诺芬的《会饮》
[古希腊]色诺芬 著

柏拉图注疏集

哲学的奥德赛——《王制》引论
[美]郝兰 著

爱欲与启蒙的迷醉——论柏拉图的《会饮》
[美]贝尔格 著

为哲学的写作技艺一辩——《斐德若》疏证
[美]伯格 著

柏拉图式的迷宫——《斐多》义疏
[美]伯格 著

人应该如何生活
[美]布鲁姆 著

情敌
[古希腊]柏拉图 著

哲学如何成为苏格拉底式的
[美]朗佩特 著

苏格拉底与希琵阿斯
王江涛 编译

理想国
[古希腊]柏拉图 著

谁来教育老师——《普罗塔戈拉》发微
刘小枫 编

立法者的神学——柏拉图《法义》卷十绎读
林志猛 编

柏拉图对话中的神
[德]薇依 著

厄庇诺米斯
[古希腊]柏拉图 著

智慧与幸福——柏拉图的《厄庇诺米斯》
程志敏 选编

论柏拉图对话
[德]施莱尔马赫 著

柏拉图《美诺》疏证
[美]克莱因 著

政治哲学的悖论——苏格拉底的哲学审判
[美]郝岚 著

神话诗人柏拉图
张文涛 选编

阿尔喀比亚德
[古希腊]柏拉图 著

叙拉古的雅典异乡人——柏拉图《书简七》探幽
彭磊 选编

阿威罗伊论《王制》
[阿拉伯]阿威罗伊 著

《王制》要义
刘小枫 选编

柏拉图的《会饮》
[古希腊]柏拉图 等著

苏格拉底的申辩
[古希腊]柏拉图 著

苏格拉底与政治共同体
[美]尼科尔斯 著

政制与美德——柏拉图《法义》疏解
[美]潘戈 著

《法义》导读
[法]卡斯代尔·布舒奇 著

论真理的本质
[德]海德格尔 著

哲人的无知
[德]费勃 著

米诺斯
[古希腊]柏拉图 著

亚里士多德注疏集

品格的技艺
[美]加佛 著

亚里士多德哲学的基本概念
[德]海德格尔 著

《政治学》疏证
[意]托马斯·阿奎那 著

尼各马可伦理学义疏
——亚里士多德与苏格拉底的对话
[美]伯格 著

哲学之诗——亚里士多德《诗学》解诂
[美]戴维斯 著

对亚里士多德的现象学解释
[德]海德格尔 著

城邦与自然——亚里士多德与现代性
刘小枫 编

论诗术中篇义疏
[阿拉伯]阿威罗伊 著

哲学的政治——亚里士多德《政治学》疏证
[美]戴维斯 著

莎士比亚绎读

莎士比亚的历史剧
[英]帝利亚德 著

莎士比亚笔下的爱与友谊
[美]布鲁姆 著

莎士比亚戏剧与政治哲学
彭磊 选编

莎士比亚的政治盛典
[美]阿鲁里斯/苏利文 编

丹麦王子与马基雅维利
罗峰 选编

洛克集

上帝、洛克与平等
[美]沃尔德伦 著

卢梭集

论哲学生活的幸福
[德]迈尔 著

致博蒙书
[法]卢梭 著

政治制度论
[法]卢梭 著

哲学的自传——卢梭的《孤独漫步者的遐思》
[法]卢梭 著

文学与道德杂篇
[法]卢梭 著

设计论证——卢梭的《社会契约论》
[美]吉尔丁 著

卢梭的自然状态
[美]普拉特纳 等著

卢梭的榜样人生——作为政治哲学的《忏悔录》
[美]凯利 著

莱辛注疏集

汉堡剧评
[德]莱辛 著

关于悲剧的通信
[德]莱辛 著

《智者纳坦》研究版
[德]莱辛 等著

启蒙运动的内在问题——莱辛思想再释
[美]维塞尔 著

莱辛剧作七种
[德]莱辛 著

历史与启示——莱辛神学文选
[德]莱辛 著

论人类的教育——莱辛政治哲学文选
[德]莱辛 著

尼采注疏集

尼采引论
[德]施特格迈尔 著

尼采与基督教——尼采的《敌基督》论集
刘小枫 编

尼采眼中的苏格拉底
[美]丹豪瑟 著

尼采的使命——《善恶的彼岸》绎读
[美]朗佩特 著

尼采与现时代——解读培根、笛卡尔与尼采
[美]朗佩特 著

动物与超人之间的绳索
[德]A.彼珀 著

施特劳斯集

苏格拉底问题与现代性[增订本]
——施特劳斯演讲与论文集:卷二
[美]列奥·施特劳斯 著

政治哲学与启示宗教的挑战
[德]迈尔 著

霍布斯的宗教批判
[美]列奥·施特劳斯 著

斯宾诺莎的宗教批判
[美]列奥·施特劳斯 著

门德尔松与莱辛
[美]列奥·施特劳斯 著

哲学与律法——论迈蒙尼德及其先驱
[美]列奥·施特劳斯 著

迫害与写作艺术
[美]列奥·施特劳斯 著

中国传统：经典与解释
Classici et Commentarii

华夏莆田

刘小枫 陈少明 ◎ 主编

柏拉图式政治哲学研究
[美]列奥·施特劳斯 著

阅读施特劳斯
[美]斯密什 著

《会饮》讲疏
[美]列奥·施特劳斯 著

柏拉图《法义》的论辩与情节
[美]列奥·施特劳斯 著

什么是政治哲学
[美]列奥·施特劳斯 著

古典政治理性主义的重生
[美]列奥·施特劳斯 著

施特劳斯与流亡政治学
[美]谢帕德 著

犹太哲人与启蒙——施特劳斯演讲与论文集：卷一
[美]列奥·施特劳斯 著

回归古典政治哲学——施特劳斯通信集
[美]列奥·施特劳斯 著

隐匿的对话——施米特与施特劳斯
[德]迈尔 著

苏格拉底与阿里斯托芬
[美]列奥·施特劳斯 著

驯服欲望——施特劳斯笔下的色诺芬撰述
[法]科耶夫 等著

论僭政（重订本）——色诺芬《希耶罗》义疏
[美]施特劳斯科耶夫 著

施米特集

施米特对自由主义的批判
[美]麦考米特 著

宪法专政——现代民主国家中的危机政府
[美]罗斯托 著

施米特对自由主义的批判
[美]约翰·麦考米克 著

伯纳德特集

古典诗学之路（重订版）
——相遇与反思：与伯纳德特聚谈
[美]伯格 编

弓与琴（重订版）——从柏拉图解读《奥德赛》
[美]伯纳德特 著

神圣的罪业
[美]伯纳德特 著

大学素质教育读本

古典诗文绎读 西学卷·古代编（上、下）

古典诗文绎读 西学卷·现代编（上、下）

《毛诗》郑王比义发微 / 史应勇 著
宋人经筵诗讲义四种 / [宋]张纲 等撰
道德真经藏室纂微篇 / [宋]陈景元 撰
道德真经四子古道集解 / [金]寇才质 撰
皇清经解提要 / [清]沈豫 撰
经学通论 / [清]皮锡瑞 著
药地炮庄 / [明]方以智 著
药地炮庄笺释·总论篇 / [明]方以智 著
青原志略 / [明]方以智 原编
冬灰录 / [明]方以智 著
冬炼三时传旧火 / 邢益海 编
松阳讲义 / [清]陆陇其 著
起凤书院答问 / [清]姚永朴 撰
周礼疑义辨证 / 陈衍 撰
《铎书》校注 / 孙尚扬 肖清和 等校注
韩愈志 / 钱基博 著
论语辑释 / 陈人乔 著
《庄子·天下篇》注疏四种 / 张丰乾 编
荀子的辩说 / 陈文洁 著
古学经子 / 王锦民 著
经学以自治 / 刘少虎 著
从公羊学论《春秋》的性质 / 阮芝生 撰

经典与解释辑刊（刘小枫 陈少明 主编）

1 柏拉图的哲学戏剧
2 经典与解释的张力
3 康德与启蒙
4 荷尔德林的新神话
5 古典传统与自由教育
6 卢梭的苏格拉底主义
7 赫尔墨斯的计谋
8 苏格拉底问题
9 美德可教吗
10 马基雅维利的喜剧
11 回想托克维尔
12 阅读的德性
13 色诺芬的品味
14 政治哲学中的摩西
15 诗学解诂
16 柏拉图的真伪
17 修昔底德的春秋笔法
18 血气与政治
19 索福克勒斯与雅典启蒙
20 犹太教中的柏拉图门徒
21 莎士比亚笔下的王者
22 政治哲学中的莎士比亚
23 政治生活的限度与满足
24 雅典民主的谐剧
25 维柯与古今之争
26 霍布斯的修辞
27 埃斯库罗斯的神义论
28 施莱尔马赫的柏拉图
29 奥林匹亚的荣耀
30 笛卡尔的精灵
31 柏拉图与天人政治
32 海德格尔的政治时刻
33 荷马笔下的伦理
34 格劳秀斯与国际正义
35 西塞罗的苏格拉底
36 基尔克果的苏格拉底
37《理想国》的内与外
38 诗艺与政治
39 律法与政治哲学
40 古今之间的但丁
41 拉伯雷与赫尔墨斯秘学
42 柏拉图与古典乐教
43 孟德斯鸠论政制衰败
44 博丹论主权

刘小枫集

诗化哲学［重订本］
拯救与逍遥［修订本］
走向十字架上的真
这一代人的怕和爱［增订本］
现代性与现代中国：现代性社会理论绪论
沉重的肉身
圣灵降临的叙事［增订本］
罪与欠
西学断章
现代人及其敌人
儒教与民族国家
拣尽寒枝
施特劳斯的路标
重启古典诗学
共和与经纶
设计共和
古典学与古今之争
卢梭与我们
好智之罪：普罗米修斯神话通释
民主与爱欲：柏拉图《会饮》绎读
民主与教化：柏拉图《普罗塔戈拉》绎读
巫阳招魂：《诗术》绎读

编修［博雅读本］

凯若斯：古希腊语文读本［全二册］
古希腊语文学述要
雅努斯：古典拉丁语文读本
古典拉丁语文学述要
危微精一：政治法学原理九讲
琴瑟友之：钢琴与古典乐色十讲